아이를 변화시키는 유태인 부모의 대화법

말 한마디가 가져온 놀라운 차이

"엄마는 남과 다른 네가 참 좋아."
"왜 그랬지? 이유를 말해보겠니?"
"학교에 가서는 얌전히 있지 말아야 한단다."
"네가 선택한 일에 최선을 다해야 한단다."

위의 말들은 유태인 부모들이 자녀들에게 자주 하는 말들입니다. 유태인들이 자신들만의 독특한 교육법으로 아이들을 훌륭하게 키우는 것은 유명합니다. 그 교육법 중에서도 가장 중요한 것이 바로 위와 같은 '대화법' 입니다. 유태인 부모들은 대화만큼 훌륭한 교육은 없다고 생각하며, 이 대화법으로 아인슈타인, 빌 게이츠, 스티븐 스필버그, 프로이트와 같이 세계적으로 유명한 인물들을 길러냈습니다.

우리나라와 이스라엘은 여러 가지 면에서 공통분모를 가지고 있습니다. 두 나라 모두 제2차 세계대전의 결과로 독립했다는 점과, 가혹한 시련과 고난의 역사를 겪었다는 점, 그리고 자녀에 대한 교육열이 대단하고 세계적으로 민족적 우수성을 인정받고 있다는 점 등이 그렇습니다.

그러나 유태인들이 전 세계의 부를 움켜쥐고 정치 · 경제 · 사회 · 문

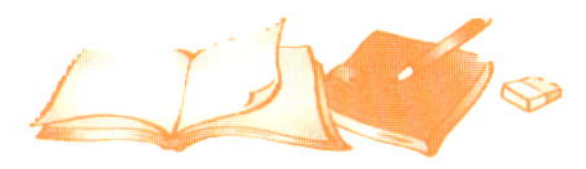

화 등 다방면에서 두각을 드러내는 것에 비해 우리나라는 아직까지도 강대국의 눈치를 살피는 입장입니다. 똑같이 교육열이 높고 민족적으로도 우수한 우리나라와 이스라엘 사이에 이러한 차이가 생겨난 원인은 무엇일까요?

가장 근본적인 이유는 '교육'의 차이에 있습니다. 우리나라가 입시 위주의 주입식 교육을 해온 것에 비해 유태인들은 부모와 자녀 사이의 대화를 통해 창의적이고 독립적인 아이로 키우는 교육을 해왔습니다.

이 책은 바로 그러한 부모의 교육법이 얼마나 커다란 차이를 가져오는지 알리고자 합니다. 특히 일상생활 속에서 끊임없이 나누는 대화를 통해 자녀를 교육하는 유태인 부모들의 모습을 보여줌으로써 우리나라 부모들에게 실질적인 도움을 주고자 합니다. 이 책에서 소개하는 유태인 부모와 자녀와의 대화법이, 자녀를 지혜와 창의력을 기르고, 리더십을 갖춘 아이로 키우고자 하는 부모님들에게 실질적인 도움을 줄 수 있기를 바랍니다.

문서영

4. 인격적인 리더로 키우는 유태인 부모의 대화법

차 · 례

5. 세계의 리더를 키운 유태인 부모의 대화법

제1장

세계적인
리더에는 왜
유태인이
많은가

자녀를 리더로 키우는 유태인의 대화 교육

유태인의 수는 우리나라 인구의 3분의 1 수준인 1천5백만 명에 불과합니다. 그리고 지구의 전체 인구에서 차지하는 유태인의 수는 불과 0.5퍼센트에 지나지 않습니다.

그럼에도 역사에 이름을 남긴 각계의 제1인자들 가운데 유태인을 들자면 과학자 아인슈타인, 영화 감독 스티븐 스필버그, 경제학자 피터 드러커, 작가 토마스 만, 시인 하이네, 지휘자 번스타인, 은행가 로스 차일드와 모건, 뛰어난 외교력으로 세계를 주름잡던 미국의 전 국무장관 헨리 키신저 등과 같은 무수한 인물을 들 수 있습니다.

이들 외에도 오늘날까지 세계 도처에서 정치 · 경제 · 사회 · 문화 등 각 분야에서 두각을 나타내며 동시에 막강한 영향력을 행사하고 있는 유태인들은 매우 많습니다.

뿐만 아니라 역대 노벨상 수상자의 약 15퍼센트에 해당되는 100여 명 가까운 수상자들이 유태인입니다. 또한 미국의 명문 대학으로 손꼽히는 하버드·예일·프린스턴 등의 대학 교수 가운데 30퍼센트가 넘는 교수들이 유태인입니다.

그렇다면 이와 같이 놀라운 유태인들의 우수성은 무엇에서 비롯되는 것일까요. 단지 그들이 우수한 머리를 선천적·유전적으로 타고났기 때문에 세계를 지배하는 민족이 되었던 것은 아닙니다. 만약 그러했다면 그들이 2천5백여 년 동안이나 나라도 없이 세계 각처를 떠돌며 다른 민족으로부터 멸시와 박해를 받지 않았을지도 모릅니다.

그들이 제2차 세계 대전 당시 민족 학살과 같은 역사의 비극을 겪으면서도 살아남을 수 있었던 것은 그들이 선택받은 민족, 신성한 민족이었기 때문이 아니라 다른 민족이 넘보지 못할 우수성을 갖춘 민족이었기 때문이었습니다.

그렇다면 그들의 우수성이란 과연 무엇일까요?

이스라엘 민족은 그것이 '유태인의 육아법'에 있다고 말합니다. 그 중에서도 부모와 자녀 사이에 이루어지는, 독특하고도 체계적인 대화법은 '유태인 육아법'의 핵심 중의 핵심이라고 할 수 있습니다. 그것은 2천5백여 년 전부터 유태 민족에게 계승되어 온 육아 방법이며, 교육 철학입니다.

이스라엘 민족은 '유태인의 육아법'의 모태가 〈구약성서〉와 〈탈무드〉에 있다고 믿습니다.

세계의 모든 나라 사람들이 잘 알고 있는 것처럼 〈구약성서〉와 〈탈무드〉는 유태인 5천 년 역사의 산물인 동시에 그들의 역사 그 자체라고 할 수도 있습니다. 오늘날 이스라엘의 역사·문화·종교·교육·정치·경제·사회·예술 등의 그 모든 뿌리는 물론 그들 민족의 과거와 현재, 미래까지도 이 두 가지에 들어 있다고 해도 과언이 아닙니다.

그런데 〈구약성서〉와 〈탈무드〉는 공통점을 가지고 있습니다. 두 가지 모두 '대화'를 그 바탕으로 가지고 있다는 것입니다. 〈구약성서〉는 하나님이 이스라엘 민족에게 내리는 말씀과 그들 민족의 선지자들과 나누는 말씀으로 이루어져 있으며, 〈탈무드〉는 랍비와 그의 제자들이 공통의 주제를 놓고 벌이는 토론으로 이루어져 있습니다.

따라서 유태인 부모들이 오랜 역사를 통해 굳게 믿고 실천해 온 그들의 독특한 '유태인 육아법'의 핵심도 〈구약성서〉나 〈탈무드〉와 마찬가지로 '대화'에 있다고 볼 수 있습니다.

이처럼 유태인들에게 의미가 깊고 큰 〈탈무드〉와 〈구약성서〉에 기초를 두고 있는 '부모와 자녀 간의 창의적 대화법'을 조금만 연구해 보면 유태인들이 머리가 좋게 태어났다기보다 머리가 좋아지도록 길러진다는 의미를 쉽게 알 수 있습니다.

유태인들은 자녀가 아주 어렸을 때부터 부모와 대화를 나눕니다. 말을 배우기 시작할 무렵부터 말하는 법, 토론 능력 길러 주기, 다른 사람의 말을 경청하는 법, 말할 때의 예의 등에 대해서 교육합니다.

한마디로 유태인들의 자녀 교육에 있어서 대화는 가장 큰 비중을 차지합니다. 유태인들은 말의 논리가 바로 창의성에서 비롯되며, 창의성을 길러주기 위해서는 어린 시절부터 활발한 대화를 가져야 한다고 생각합니다.

유태인 부모들은 부모라는 이유로 무조건적인 권위를 내세워 자녀에게 해야 할 것과 하지 말아야 할 것을 명령하지 않습니다. 그들은 아이의 관심이 어느 분야이건 간에 함부로 "하지 말라."는 금지의 말을 하지 않습니다. 오히려 아이들이 모든 분야의 다양한 경험을 통해 보다 폭넓은 사고의 영역을 구축해 갈 수 있도록 배려를 아끼지 않습니다.

그리고 유태인 아이들 역시 어리다는 이유로 무조건 순종하지 않습니다. 아이들은 끊임없이 질문하고 적극적으로 대화하도록 가르침을 받으며 평생을 그렇게 살아가도록 길러집니다.

이를 통해 아이들은 말과 사고에 장벽을 느끼지 않으면서 자유롭게 생각하고 진리를 거침없이 추구할 수 있게 됩니다. 어른이 되어서도 경직되거나 폐쇄됨이 없이 그들의 두뇌를 자유롭고 지혜롭게 움직일 수 있게 됩니다.

이런 창의적 대화 교육은 유태인들이 그다지 많지 않은 인구에도 불구하고 세계 도처에서 막대한 영향력을 발휘하는 각계의 일인자로 길러내는 비결이라고 할 수 있습니다.

대화만큼 훌륭한 교육은 없다

유태인들은 아이들에게 어른들의 기준이나 시선을 강요하지 않습니다. 그 대신에 아이가 어떤 부분에 관심과 흥미를 가지는지, 어느 분야에서 창의력을 보이는지, 그리고 얼마만큼의 잠재력을 지니고 있는지에 우선순위를 두고 주의 깊게 관찰합니다. 그리고 이러한 주의 깊은 관찰이 가능해지기 위해서 유태인 부모들은 아이와 끊임없는 대화를 나눕니다.

유태인들은 부모와 자녀가 나누는 대화만큼 훌륭한 교육법은 없다고 생각하기 때문에, 그들은 자녀에게 '한마디 말'이라도 함부로 하는 경우가 없습니다.

아이가 부주의로 유리컵을 깨는 실수를 저질러도 심한 말로 야단을 치기보다 그런 실수를 저지른 이유를 찾으려 하며, 그러한 대화를 통해 아이가 다시는 유리컵을 깨지 않도록 가르침을 줍니다.

이렇게 어려서부터 사고나 행동에 울타리나 장벽을 느끼지 않으면서 자유롭게 생각하고 진리를 거침없이 추구할 수 있는 환경을 제공받은 유태인 아이들은 어른이 되어서도 경직되거나 폐쇄됨이 없이 그들의 두뇌를 자유롭게 움직일 수 있게 됩니다.

사람과 사람 사이에 이루어지는 대화 능력을 중요하게 여기는 경향은 유태인의 경우에서만 볼 수 있는 한정된 예가 결코 아닙니다. 우리나라에서도 오랜 옛날부터 "말 한마디로 천냥 빚을 갚는다."는 속담이 있어 왔습니다.

또한 시대를 초월해서 많은 사람들이 상대방의 인격이나 됨됨이를 판단할 때에는 그가 말을 하는 태도나 어투, 대화의 수준 등을 주의 깊게 살피게 됩니다.

특히 오늘날처럼 대중 매체가 발달한 세상에서는 얼마나 정확하게, 그리고 최대의 효과를 올릴 수 있는 말을 사용하느냐에 따라 삶의 질과 그 폭이 결정된다고 해도 과언이 아닐 정도입니다. 한 사람이 살아 온 인생의 모습은 그 사람의 말속에 담겨져 나타나기 때문입니다.

국내의 많은 대학이나 대학원, 그리고 거의 모든 기업들이 입학 시험이나 입사 시험에서 면접 점수에 큰 비중을 두는 것은 어제오늘 일이 아닙니다. 이는 아무리 좋은 학벌과 화려한 경력을 지니고 있다고 해도 사람에게 있어 가장 기본적인 능력으로 간주되는 대화 능력에 있어서 어느 수준에 도달하지 못한다면 그 모든 것들이 제대로 평가를 받을 수 없는 사회로 변모해 가고 있다는 의미입니다.

그러나 자녀의 교육을 위해 유태인 부모들이 생각하는 올바른 대화 교육은 단순히 말을 잘하는 아이를 만들기 위한 것이 아닙니다. 혼자서 많은 말을 달변으로 하는 능력보다는 오히려 토론을 통해 상대방에게 자신의 의견과 생각을 적절하고 분명하게 전달하고, 또한 상대방의 마음과 의사를 존중하며 들을 수 있는 능력을 대화 교육의 요체라고 여깁니다.

유태인들은 사람이 넷이 모이면 네 가지 서로 다른 의견이 도출된다고 생각하며, 그런 다음 다섯 번째부터 서로의 의견이 조금씩 모아지면서 합리적인 의견이 나오기 시작한다고 믿습니다. 그렇기 때문에 신변잡기적이고 일회성에 그치는 단순한 혼자의 '말'이 아니고, 토론을 할 수 있는 주제를 놓고 서로의 의견을 나누면서 적극적이고 창의적인 사고를 키워갈 수 있도록 자녀를 교육합니다.

따라서 유태인 부모들은 항상 아이와 대화를 할 준비를 갖추고 있습니다. 아무리 바쁜 일이 있어도 아이가 질문을 하면 그에 응합니다. 유태인 부모들이 아이를 대화의 상대로 대할 수 있는 것은 아이를 독립적인 하나의 인격체로 생각하기 때문입니다.

유태인들은 갓난아이조차도 한 인격체로 대합니다. 그래서 우유를 먹이고 기저귀를 채우는 것만이 부모의 도리를 다한 것이 아니라고 생각합니다.

천장에 모빌을 걸어 두었다면 모빌에 대해 아기에게 이야기를 해 줍니다.

"아가, 저기 빙글빙글 돌고 있는 게 뭔지 아니? 모빌이라고 하는 거란다. 네 모빌에는 새가 달려 있네? 새는 짹짹거리는 소리를 내는 것도 있고, 구구하고 소리를 내는 것도 있단다."

유태인 부모들은 이처럼 항상 주위의 것들에 대해 이야기를 해 줍니다.

유태인식 대화법은 단계가 있는데, 우선 아이의 말을 경청해서 심리 상태를 파악한 후 부모의 의견을 제시합니다. 그 다음에는 토론과 논쟁, 합의의 과정을 거치게 됩니다.

이러한 유태인 부모들의 육아 원칙이 쉽지 않다는 것을 아이를 키우는 부모라면 잘 알고 있을 것입니다. 그렇지만 아이가 질문을 하면 대답하고 함께 대화하려는 노력을 꾸준히 해나가야 합니다.

사람의 말하는 능력은 어느 날 하루를 잡아서 집중적으로 가르친다고 길러지는 성질의 것이 결코 아닙니다. 태어나서 말을 배우기 시작할 무렵부터 체계를 갖춘 교육을 통해 오랜 시간을 두고 가르쳐야만 가능합니다. 그리고 말을 배울 때 한번 잘못 들인 버릇이 굳어지게 되면 웬만한 노력으로는 이를 바로잡을 수가 없습니다.

따라서 유태인 부모와 자녀와의 대화법은, 자녀를 지혜와 창의력, 그리고 리더십을 갖춘 아이로 키우고자 하는 부모님들에게 실질적인 도움을 줄 수 있을 것입니다.

아이의 실패와 성공은 '한마디 말'이 좌우한다

"어이구, 자식이 아니라 원수야, 원수!"

"엄마가 너 때문에 못 살아, 정말!"

"너 때문에 이게 무슨 고생이냐, 차라리 널 낳지 말았어야 했는데."

"옆집 아이 반만 따라가 봐라."

"넌 왜 그 모양이니!"

어린 시절, 이런 종류의 말을 들어본 기억이 있습니까? 아니면 자녀에게 이런 말을 해본 적이 있습니까?

지금도 우리 주변에서는 많은 부모들이 부주의하고 경솔한 말로 자녀들의 가슴에 영원히 씻어낼 수 없는 상처를 주고 있습니다.

유태인 부모들은 대화에 있어서 거창하고 대단한 것들을 자녀에게 들려주지는 않습니다. 그러나 자녀와의 대화에 있어서는 결코 한마디 말이라도 함부로 내뱉거나 소홀하게 대하는 경우가 없습니다.

유태인 부모들은 자녀와의 모든 대화의 시작이 사소하고 일상적인 '한마디의 말'에서 시작된다는 것을 알고 있습니다. 또한 사소하고 일상적인 '한마디의 말'이 아이의 일생에 큰 영향을 줄 수 있으며, 그렇게 달라진 아이들의 삶이 이 세상에 어떤 긍정적인 변화를 가져올 수 있다고 굳게 믿습니다.

그러므로 대화를 통해 사소한 일상에 새로운 의미나 교훈을 부여하려는 노력을 합니다.

천재적인 물리학자로 추앙받는 아인슈타인은 어머니가 들려 준 '한마디의 말' 때문에 낙제생에서 천재로 발전할 수 있었습니다.

그는 공립학교에 들어갔을 때에도 구구단을 외우지 못했고 그의 선생님들조차, 너 이상 가르칠 수 없다며 퇴학을 권유하여, 결국 학교를 중퇴하고 맙니다.

잘 알려져 있듯이 아인슈타인은 유태인이었습니다. 저능아로 낙인이 찍힌 아인슈타인에게 좌절감이나 자책감 대신 용기와 희망을 주고, 가능성을 열어 보인 이도 다름 아닌 그의 유태인 어머니였습니다.

유태인 부모들은 〈탈무드〉의 전통 속에서 자녀 교육에 대한 방향과 지침을 배웁니다. 그들은 자녀의 머리가 좋고 나쁨이나 학교에서의 좋은 성적을 중요하게 여기기보다는 자녀에게 희망과 용기를 주는 좋은 말을 해주며 자녀의 인격과 개성을 존중하는 교육을 우선합니다.

이러한 유태인들의 교육법은 많은 유태인들이 인류의 삶을 더욱 아름답고 살기 좋게 만드는 데 밑거름이 되었습니다.

아인슈타인의 어머니 역시 유태인들의 전통과 교육법을 믿었습니다. 그렇기에 학교로부터 저능아로 낙인찍힌 채 쫓겨난 아인슈타인에게도 남들과 다른 개성과 재능이 있다고 믿고 그것을 찾아 신장시킬 수 있도록 긴 안목으로 무던히 격려해 주었습니다.

"너에게는 세상의 다른 아이들과는 다른 점이 있단다. 그리고 이 세상에는 너만이 감당할 수 있는 일이 너를 기다리고 있단다. 그 길을 찾아가야 한다. 너는 틀림없이 훌륭한 사람이 될 거야."

아인슈타인의 어머니는 이와 같은 말을 하루에도 몇 번씩 해줌으로써 어린 아인슈타인에게 용기와 희망을 북돋워 주었습니다. 어머니의 격려와 교육 속에서 자란 아인슈타인은 재능을 보이던 수학을 더욱 열심히 공부하였고, 마침내 위대한 물리 학자가 될 수 있었습니다.

바로 어머니의 '한마디 말'은 낙제생 아인슈타인을 세계적인 물리학자로 키울 수 있었던 것입니다.

말은 그저 말에 불과한 것이 아닙니다.

특히 자녀를 둔 부모가 자녀들에게 하는 말은 더욱 그러합니다. 부모의 말은 자녀에게 있어 이 세계와의 소통의 창이 되어주며, 세계와 우주를 찾아가는 길이 되어주는 것입니다.

입 밖으로 내놓은 말은 흘러가서 사라지는 것이 아닙니다. 말은 사람의 가슴으로 흘러들어 차곡차곡 쌓이는 것이며, 그 사람의 가슴에 저마다의 세계와 우주를 이룹니다.

부모들은 자녀에게 무심코 말을 던지거나 상처를 주는 말을 해서는 안 됩니다. 상처를 받고 자란 아이들은 죄책감과 자괴감을 갖게 되어 자신을 사랑할 수 없게 되고 나아가 부모도, 이웃도, 이 세상도 사랑할 수 없게 됩니다.

지금 곁에서 맑은 눈으로 당신을 바라보고 있는 자녀에게 이렇게 '한마디의 말'을 건네 보십시오.

"엄마, 아빠는 널 사랑한다. 네가 얼마나 자랑스러운지 모르겠구나."

세상이 조금 더 아름답고 살기 좋게 발전하는 기적을 볼 수 있을 것입니다.

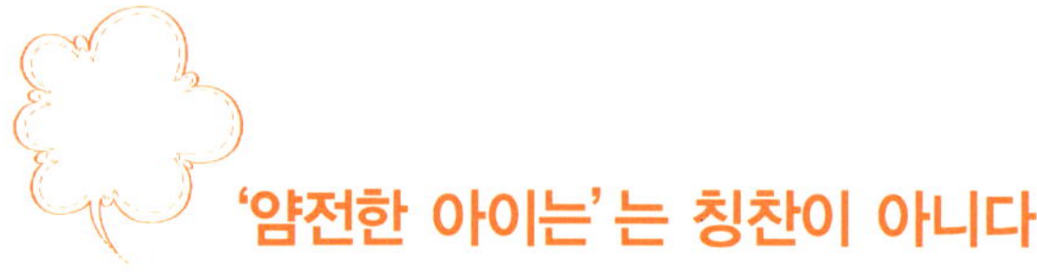

"지훈아, 어디 가니?"

"영수네."

"저녁 먹기 전에 돌아와야 돼."

"왜?"

"웬 말이 그렇게 많아? 어른이 말하면 '예' 하고 대답해야지, 왜는 왜야! 늦으면 혼날 줄 알아!"

"지훈아, 어디 가니?"

"영수네 가."

"영수네는 왜?"

"시험공부를 같이 하기로 했어."

"그래? 그럼 언제 올 건데?"

"저녁 먹을 때."

"오늘 형 생일이니까 늦으면 안 돼. 늦어도 7시까지 오렴. 다 못한 공부는 집에 와서 하든지, 다시 영수네에 가서 하든지 해라."

"응."

앞의 두 가지 대화는 차이가 있습니다. 첫 번째 대화에서 엄마는 지훈이가 일찍 돌아와야 하는 이유에 대해서 설명해주지 않았습니다. 그 후의 상황은 어떻게 되었을까요?

지훈이는 일찍 집에 돌아와야 하는 이유를 모르기 때문에, 영수네 집에서 늦게까지 놀다가 엄마에게 꾸중을 듣게 됩니다. 지훈이는 일찍 집에 와야 하는 필요성을 몰랐기 때문에 영수랑 놀다가 늦게 온 것이지만, 엄마는 이유도 설명해주지 않고 무조건 일찍 들어오라고 말했습니다.

엄마가 지훈이에게 "오늘은 형 생일이니까 늦어도 7시까지 돌아와야 돼."라고 이유를 말해주었다면 지훈이는 저녁 식사에 늦지 않았을 것입니다.

또한 지훈이가 왜 늦게 돌아왔는지에 대해 이유를 물어보았다면 엄마는 그처럼 크게 화를 내지 않았을 것입니다.

두 번째 대화에서 엄마는 지훈이가 왜 영수네에 가는지, 언제 돌아올 것인지 대화를 통해 알게 됩니다. 지훈이도 엄마가 7시까지 돌아오라고 한 이유를 알기 때문에 집에 일찍 들어오게 됩니다.

이처럼 대화는 서로의 정보를 교환하는 역할을 합니다. 대화를 통해서 부모는 자녀가 무엇을 생각하고 원하는지를 알 수 있으며, 자녀 또한 부모가 어떤 생각을 가지고 있으며 어떤 이유 때문에 권고하고, 금하는지를 알게 됩니다. 그리고 대화는 마음을 공유하는 기능을 합니다.

부모는 늘 자녀와 이야기를 나눕니다. 이것은 두 사람 간의 지식(정보)과 마음을 교환하는 것입니다. 이 지식과 마음의 양이 많든, 적든 그것은 두 사람의 관계를 친밀하게 하는 데 큰 도움이 됩니다. 또한 자녀를 올바르게 양육시키는 효과적인 도구가 됩니다.

부모와 아이는 대화를 통하여 서로의 사랑을 느끼고 감정을 이해하게 됩니다. 그렇기 때문에 부모와 자녀의 대화는 영어, 수학 공부 못지않게 아주 중요합니다.

그런데 우리나라 부모들은 "아이들이 참 얌전하고 말을 잘 듣네요."라는 말을 들으면 자녀를 칭찬하는 말로 받아들입니다. 그러나 유태인 부모들은 무척 속상해 할 것입니다. 그들에게는 그 말이 "당신의 아이는 적극성이 부족하여 학습 능력이 떨어질 것 같군요."라는 뜻으로 받아들여지기 때문입니다.

그런 아이들은 상대방이 누구이든 의심스럽거나 궁금한 것이 있을 때 망설임 없이 언제 어디서나 질문할 수 있는 능력, 바로 학문과 진리를 끝까지 추구하려는 능력이 부족할 것이라고 생각하게 됩니다. 끊임없는 질문과 대화, 토론을 통해서만이 참다운 학문과 진리에 다가갈 수 있다고 유태인들은 믿기 때문입니다.

그런데 유태인 어머니들은 아이가 무엇을 하고 놀든지 한 가지 놀이만 하도록 하는 게 아니라 두세 가지 놀이를 연결하고, 노는 동안 끊임없이 대화를 주고받으며 '꼬리에 꼬리를 무는 교육'이 되도록 유도합니다. 그렇게 함으로써 자녀의 자연스런 신체 발달은 물론이려니와 IQ와 EQ를 동시에 발달시키는 통합교육을 실천하는 것입니다.

이처럼 대화를 중요하게 여기는 유태인들의 전통은 가정이라는 테두리 안에서는 물론이고 모든 교육 기관을 통틀어서도 세대를 거듭하며 이어져 왔습니다. 끊임없는 대화를 통해 아이를 기르고, 보호하며, 아이들의 학습 의욕을 북돋워 주기 위한 유태인 부모들의 노력은 오늘날까지 계속되고 있습니다.

대화를 통해 자녀는 한 뼘씩 자란다

아이들은 가장 먼저 부모에게서 말을 배웁니다. 텔레비전이나 주변 사람, 혹은 친구의 영향을 받기도 하지만 취학 전의 아이들은 부모의 말을 듣고 따라하며 자신의 언어 세계를 확립해 나갑니다.

그렇기에 아이들은 부모의 고향과 다른 지방에서 태어나더라도 부모가 쓰는 지방색이 강한 사투리를 쓰는 경우도 많으며, 학교에서 표준어를 가르치더라도 이미 가정에서 취학 전의 시기에 배워 온 언어의 영향으로 종종 표준어를 완벽히 배우지 못하는 수가 있습니다.

말은 우리 생활의 일부분이므로 아이들은 부모와 일상의 대화를 통해 듣는 사람과 말하는 사람의 태도와 역할을 분명히 알아야 합니다.

또한 말은 사람들 사이를 이어 주는 수단임을 이해하도록 해야 합니다. 특히 대화와 토론은 자라는 자녀의 생각을 길러주고 걸러내어 말로 끄어 나오게 해줌으로써 자녀들의 사고를 넓혀 가는 데 있어 가장 좋은 교육 방법입니다.

부모들이 청소를 하거나, 옷을 개거나, 설거지를 하거나, 신문을 보는 일이 자녀의 미래를 결정하는 말하기 훈련을 시켜주는 것보다 중요하지는 않습니다.

원래 아이들은 말이 많습니다. 그럴 때 부모들이

"말도 안 되는 소리하지 말아라."

"그게 무슨 엉뚱한 소리야?"

"버릇없이 어른들 얘기에 끼어 드는 게 아냐."

"그건 크면 다 알게 돼."

"엄마 지금 바빠!"

"무슨 애가 그렇게 말이 많니?"

등과 같은 반응을 보이면 아이들의 기분은 금세 시들어 버리고 맙니다. 그리고 자녀는 부모가 가지고 있는 능력 이상으로 발전할 수 없게 됩니다.

더욱이 우리말은 수직적인 사고 체계를 바탕으로 하고 있어서 연장자인 부모가 아이에게 일방적으로 이야기하는 것을 당연하게 생각합니다. 아이의 감정 상태를 존중하여 말하기는커녕 언어적 폭력이란 개념에도 둔감한 편입니다.

유태인 부모들은 아이들이 어떤 현상이나 사물에 대해 호기심을 보일 때 아이의 호기심을 증가시키고 사고의 폭을 확산시킬 수 있는 대화로 이끌어 나갑니다.

만일 아이가 구름을 가리키며, "저게 뭐야?"하고 물었을 때 "구름이야."하고 대답하는 것은 앞에서 예를 든 부모의 반응만큼이나 나쁜 대답입니다. "저건 구름인데, 구름이 생기면 비가 와. 비가 내리면 사람들은 우산을 쓴단다. 넌 어떤 색의 우산을 쓰고 싶니?"하는 식으로 유태인 부모들은 아이의 관심의 폭을 넓혀주고, 대화를 통해 구름과 비의 관계 등 하나라도 더 가르치려고 애를 씁니다.

아이의 질문에 단답식으로 답하지 말고 유태인 부모들처럼 '꼬리에 꼬리를 무는 대화법'을 아이가 익히도록 해주는 것이 바람직합니다.

또 하나 아이의 말하는 능력을 길러줄 때 아이가 무조건 말을 잘한다고 넓게 생각하는 힘을 갖춘 것이 아니라는 점입니다. 입술과 혀끝에서 나오는 말은 가슴과 머리에서 나오는 말과 다르기 때문입니다.

어려서부터 엄마와 묻고 대답하는 사이에 자연스럽게 토론 능력을 길러 생각과 행동과 말이 일치하는 사람, 주장을 논리적으로 드러낼 수 있는 사람이 진정한 의미에서 말을 잘 하는 사람입니다.

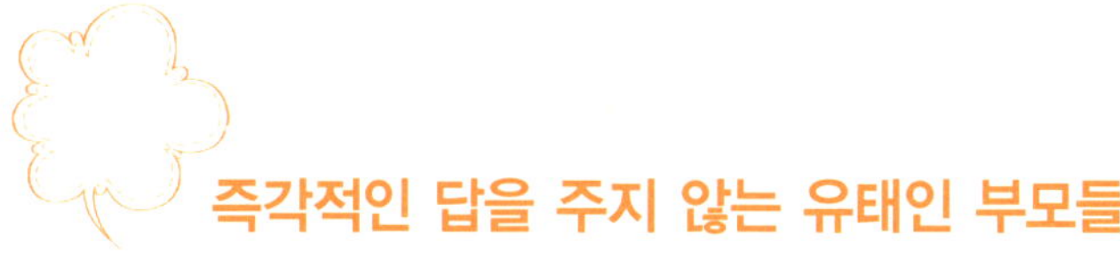

즉각적인 답을 주지 않는 유태인 부모들

"엄마, 왜 내 나이는 다섯 살이에요?"

"그건 네가 태어난 해를 기준으로 해서 5년이 흘렀기 때문이야."

"그럼 엄마가 서른다섯 살인 것은 태어난 지 35년이 지났기 때문이야?"

"그래."

"그럼, 엄마 어떻게 하면 나이를 안 먹을 수 있어?"

"어떻게 나이를 안 먹을 수 있어? 도대체 말이 되는 소리를 해라."

"엄마, 왜 사람은 나이를 먹는 거야?"

"아휴, 이제 엄마 바쁘니까 나중에 가르쳐줄게."

아이들은 거의 항상 이라고 할 만큼 "뭐야?" "왜?" "어떻게?" 등의 단어를 달고 지냅니다. 부모들은 아이의 이러한 끊임없는 질문에 대해 자녀 스스로 생각해보도록 여유를 주지 않고 즉각적인 대답을 들려주는 경향이 있습니다.

부모들도 이런 식의 대화를 통해 아이에게 답을 해주는 데 한계를 느끼므로 금방 지치게 됩니다. 그래서 언제나 아이와의 대화가 쉽게 중단되는 것입니다.

부모들은 '바쁘고 귀찮아서' 혹은 '도무지 대답하기 힘든 질문이기 때문에' 등의 이유를 들어 "무슨 그런 이상한 걸 알고 싶어하니?"라는 말로 아이를 윽박지르거나 "나중에."라는 말로 그 자리를 모면하는 방법을 취합니다.

그러나 그 순간 아이들은 상상력을 키울 수 있는 기회를 빼앗기고 맙니다. 동시에 '나는 이상한 질문을 하는 사람인가 봐.' 라는 생각을 하며 호기심을 접어버리게 됩니다.

자녀의 끊임없는 질문에 대해 윽박지르거나 피하려는 부모의 태도 이상으로 자녀 교육에 좋지 못한 것은 '즉각적인 대답' 을 해주는 부모의 교육 방식입니다.

그러나 이러한 대화 방법은 아이가 스스로 생각하는 힘을 길러줄 수 없습니다. 아이들은 바로바로 되돌아오는 부모의 답으로 인해 생각하는 힘을 빼앗기게 되기 때문입니다.

자녀가 상상력과 창의력, 사고력을 기를 수 있는 것은 바로바로 주어지는 대답 속에서가 아닙니다. 아이의 질문에 또 다른 질문으로 부모가 대답함으로써 끊임없이 이어지는 '꼬리에 꼬리를 무는 대화', 즉 끊임없는 대화의 과정 속에서 길러지는 것입니다.

어릴 때부터 대화 속에서 성장하는 유태인 아이들 역시 부모는 물론 교사나 어른들에게 무수한 질문을 하는 습성은 우리나라의 아이들과 크게 다를 것이 없습니다. 그러나 유태인들에게는 '헤부루타식 교육' 의 전통이라는 것이 있습니다.

이는 끊임없는 논쟁과 토론 속에서 아이들 스스로 그 해답과 합리적인 결론을 찾아가도록 유도해가는 교육 방식을 말합니다. '헤부루타식 교육' 은 오늘날까지도 유태인의 자녀 교육에 있어서 그 뿌리로 자리잡고 있습니다.

'헤부루타식 교육' 은 논쟁과 토론을 강조하는 이스라엘 특유의 교육 방식이며, 이 방법만이 아이들의 사고를 합리적으로 길러주는 수단이라고 유태인들은 믿습니다.

유태인 아이들이 유치원이나 학교에서 4~5명씩 소그룹을 지어서 교육을 받는 것도 '헤부루타식 교육' 의 효과를 극대화하려는 의도에서 비롯되는 것입니다. 즉 어떤 형태의 공부든 혼자서 하는 것보다는 함께 어울려서 하면 공동체에 대한 소속감도 일찍 배울 수 있을뿐더러 더 좋은 결과와 해답을 쉽게 얻을 수 있다는 것을 아이들 스스로 느껴 알 수 있도록 하기 위한 것입니다.

유태인 부모와 자녀들이 〈인어 공주〉라는 만화 영화를 함께 보았다면 다음과 같은 대화와 토론이 오가게 됩니다.

"인어 공주가 다른 사람들하고 다른 점이 뭐라고 생각하니?"

"사람은 물 속에서 살지 못하는데 인어 공주는 살 수 있어요. 또 사람은 다리가 있는데 인어 공주는 물고기 같아요. 그런데 엄마, 왜 인어 공주는 사람이 되고 싶어해요?"

"그럼, 인어 공주가 멋진 왕자님을 보았을 때 어떤 생각이 들었을까? 그것을 알면 왜 인어 공주가 사람이 되고 싶어하는지를 알 수 있단다."

초롱초롱한 눈을 빛내며 자녀들이 계속해서 질문을 던져올 때 유태인 부모들은 그 질문에 대하여 즉시로 대답을 주는 일이 거의 없습니다.

오히려 자녀가 연관성을 가질 수 있는 다른 질문을 찾아 던져가며 아이 스스로 그 대답을 자연스럽게 찾아갈 수 있도록 유도를 해줍니다.

유태인 아이들은 이러한 부모와의 대화를 통해 스스로 결론을 찾아낼 뿐만 아니라 그 외의 새로운 사실들을 배워가게 됩니다.

마찬가지로 이스라엘의 유치원이나 초등학교에서는 수업을 진행하는 데에 있어서 교사들의 역할이 우리나라에서처럼 크지 않습니다. 수업의 주제나 토론의 방향이 잘못 진행되어 갈 때에 그것을 바로잡아 주는 정도가 교사의 중요한 역할입니다. 그리고 철저하게 아이들이 중심이 되어 수업과 토론을 이끌어 가도록 하며, 그것이 끝난 뒤에 아이들의 다양한 생각들을 취합해서 결론을 내려주는 것이 또한 교사의 몫입니다.

이것은 어린아이도 합리적으로 사고할 수 있으며 나름대로의 결론을 이끌어 낼 수 있는 하나의 어엿한 인격체라는 것을 철저히 인정해 주고 있는 것입니다.

수업의 처음부터 끝까지 교사 혼자 말을 하는 우리나라의 교육 방식과는 많은 차이가 있습니다.

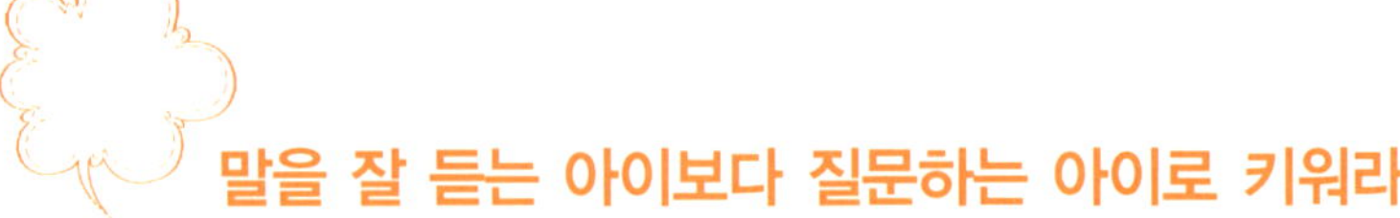

말을 잘 듣는 아이보다 질문하는 아이로 키워라

"학교에 가면 선생님 말씀 잘 듣고 친구들과 싸우지 말아야 한다."

"학교에서 떠들거나 말썽을 피우면 나쁜 아이야."

"선생님 말씀은 무조건 잘 듣고 공부 열심히 하고 와라."

위의 말들은 등교하는 아이를 배웅하면서 우리나라 부모들이 흔하게 하는 인사말입니다. 아울러 지금의 부모 세대들도 그들의 부모들로부터 가장 많이 들은 말이기도 합니다.

물론 학교에서 선생님의 말씀을 잘 경청하고 친구들과 사이좋게 지내는 것이 잘못된 것은 아닙니다. 그러나 "선생님의 말씀을 잘 들어라."고 하는 말에는 또 다른 의미가 숨어 있습니다. "선생님 말씀에 무조건 잘 따르고, 얌전히 행동해라.”는 의미가 그것입니다.

우리 사회에는 남과 다른 말이나 행동을 하는 아이들에 대해서 곱지 않은 시선을 보내는 편견이 깃들어 있습니다. 옛날부터 겸손과 공손함을 가장 큰 미덕 중의 하나로 여겨 온 전통이 있었기 때문입니다.

옛 속담 가운데 “모난 돌이 정을 맞는다.”는 말이 있습니다. 이는 그만큼 우리의 사회가 많은 다른 사람과 유난히 구별되는 사회 구성원에 대해서 배타성을 보인다는 의미이기도 합니다. 따라서 우리 사회에서는 웬만하면 다른 모든 구성원들과 무리 없이 조화되어 살아가는 것을 중요시합니다.

그러나 우리 사회의 전통은 사회의 다원성과 그 구성원의 다양성을 억누르는 결과를 가져오기도 합니다.

이러한 사회의 분위기 속에서 자라고, 부모님들의 앞에서 언급한 인사말을 들으며 학교에 간 아이들은 어떻게 학교생활을 할까요?

물론 선생님의 말씀을 열심히 듣고 있을 수도 있겠지요. 하지만 모르는 것이나 궁금한 것이 있을 때 거리낌 없이 손을 들어 선생님께 물어보고, 알아내려고 하는 아이가 몇 명이나 있을까요.

선생님이 가르치는 말씀은 무조건 열심히 들어야 한다고 교육받은 아이들은 선생님이 어려운 존재로만 인식되어 자신의 생각이나 호기심을 드러내지 못하고 일방적으로 전달되는 선생님의 말씀을 정말 열심히

'듣고만' 있을 것입니다.

오늘날 우리의 교육 현실은 이와 같은 사회 분위기와 부모님들의 지도가 적지 않은 원인을 제공한 것이라고도 볼 수 있습니다.

"침묵을 지키는 것은 배움을 거부하는 것과 같다."

위의 말은 〈탈무드〉에 나오는 말입니다.

유태인들 사이에서 말이 적다는 사람을 보면 다른 사람과 있을 때는 물론이고 혼자 있는 경우에도 쉼 없이 말을 하려고 하는 것을 볼 수 있습니다. 이는 바로 유태인들이 위에 인용한 〈탈무드〉의 가르침 속에서 성장을 하는 탓입니다.

유태인 부모들은 학교에 가는 자녀에게 이렇게 말을 건넵니다.

"학교에는 훌륭한 선생님이 계시단다. 무엇이든 모르는 것이 생기면 선생님께 여쭤 보거라."

"선생님 말씀이 이해되지 않으면 다시 질문을 하렴."

이스라엘에서는 말수가 적은 아이에게 얌전하다거나, 공손하다거나, 점잖다고 하며 대견해하는 일이 없습니다. 오히려 "당신의 아이는 적극성이나 사회성이 없어서 걱정입니다." "배움의 자세가 부족해서 공부를 해나가는 데 많은 문제가 있을 것 같습니다." 하는 말을 들을 수 있을 뿐입니다. 그리고 유치원이나 학교 선생님들의 관심과 보호가 필요한 아이로 취급을 받게 됩니다. 이는 아이들의 침묵을 지식에 대한 욕구의 결여라고 여기는 유태인들의 오랜 교육적 관습 때문입니다.

반대로 매사에 꾸밈이 없이 언제 어디서나 자신의 생각을 분명하게 이야기할 줄 아는 아이들에 대해서는, 세상과 지식에 대하여 마음을 활짝 열어 놓고 받아들일 자세가 되어 있다고 판단을 내립니다.

유태인들은 얌전하고 점잖은 행동이나 겸손한 행동을 미덕으로 생각하지 않습니다. 대신 자신의 생각을 조리 있고 분명하게 말하는 것을 미덕으로 여깁니다.

유태인 부모나 교사들은 아이들이 문제를 해결하는 능력 자체보다는 그 과정을 중요하게 생각합니다. 이는 또한 자신이 모르는 것에 대해 그칠 줄 모르는 호기심과 질문을 통해 반드시 알아내고자 하는 아이들의 도전 정신을 가치 있게 생각하기 때문입니다.

부모가 꼭 알아야 할 11가지 대화의 원칙

대화는 자녀 교육의 훌륭한 수단이 되지만, 잘못된 대화는 자녀의 마음에 상처를 입히거나 그릇된 정보를 줄 수 있습니다. 자녀와의 대화에 성공하려면 다음과 같은 점에 유의하기 바랍니다.

■ 대화는 놀이입니다

자녀에게 대화를 웅변이나 연설, 발표처럼 형식적이고 대단한 것으로 여기게 해서는 안 됩니다. 이렇게 되면 아이는 더 이상 엄마랑 대화하기를 거부하고 혼자 방안에서 놀기를 선택할 것입니다.

"자 이제부터 엄마랑 대화를 시작하자."가 아니라 자녀가 즐기는 오락게임이나 운동 경기처럼 친숙한 활동으로 여길 수 있도록 해야 합니다.

■ 일상생활 속에서 자연스럽게 대화하십시오

자녀와의 대화는 특정한 날을 잡아서 그 시간에 하는 것이 아니라, 일상생활 속에서 자연스럽게 이루어져야 합니다. 승용차를 몰고 가면서, 시장을 오가면서, 친척집에 가면서 등등 일상생활 속에서 자연스럽게 대화하는 것이 효과적입니다.

그리고 무엇이 가치 있는 일인지, 무엇을 왜 하면 안 되는지에 대한 말도 자녀가 말썽을 피울 때에만 나무라듯이 이야기하지 말고 평소에 수시로 대화하면서 주지시키면 아이들은 더 쉽게 받아들입니다.

■ 대화를 수단으로 사용해선 안 됩니다

자녀와의 대화를 아이의 의지를 굴복시키기 위한 수단으로 사용하는 부모들이 많습니다. 자녀와의 대화에서 중요한 것은 자녀의 “예.”라는 대답을 끌어내는 것도, 아이의 의지를 굴복시키는 것도 아닙니다.

아이들은 어리지만 무척 섬세해서 부모가 어떤 의도를 갖고 대화에 임하는지 금방 눈치챌 수 있습니다. 그러므로 대답 자체보다는 과정에 충실해야 합니다.

■ 진심이 담긴 대화여야 합니다

“사랑해.” “잘했어.”라고 말했을 때, 그 말에 부모의 진실한 마음이 담겨있지 않다면 자녀는 부모를 신뢰하지 못할 것입니다. 꾸민 말보다 진심에서 우러나온 말을 하는 것이 바람직합니다.

■ 훌륭한 경청자가 되십시오

자녀가 말을 할 때는 마치 어른과 이야기하듯이 열심히 경청해 주십시오. 때로는 "그래?" "그 다음에는?" "그렇구나!" 하는 식의 맞장구도 필요합니다.

■ 비난은 금하십시오

자녀는 어리기 때문에 미숙한 생각을 할 수 있습니다. 그럴 때일수록 틀린 것을 바로잡겠다는 의지가 앞서 대화를 훈계나 비판의 자리로 만들지 마십시오.

지나친 훈계는 대화를 중단하게 하는 원인이 됩니다. 자녀가 자유스럽게 자신의 생각을 말할 수 있는 분위기를 조성해 주시고, 부드럽고 친절한 태도로 부모의 생각을 말하십시오.

■ 반드시 그 이유에 대해 말하십시오

부모들이 단지 어른이라는 이유로 자녀의 특정한 언행을 금지시키는 것보다는 그 언행의 무엇이 잘못되었는지를 자녀가 알게 하여 스스로 고쳐나가도록 하는 것이 좋습니다.

자녀의 행동에 대해 "하지마."라고 금지만 하기보다는 "하지마. 왜냐하면~하기 때문이란다." 하는 식의 대화가 바람직합니다.

꽃병을 가지고 노는 자녀에게 "꽃병을 가지고 장난치지마."라고 말하는 것보다는 "꽃병은 깨지기가 쉬워서 위험하단다. 꽃병의 유리가 너를 다치게 할 수 있어. 그러니 꽃병을 갖고 놀지 말아라."라고 하는 것이 더 효과가 큽니다.

■ 자녀와 눈을 맞추어야 합니다

아이가 말을 꺼냈을 때는 하던 일을 멈추고 들어주는 것이 좋습니다. 아이의 말이 일을 방해할 수도 있지만, 대화하려는 마음만 있다면 일하던 손을 멈추고 아이와 눈을 맞추어야 합니다.

아이가 하는 이야기가 동생이나 형의 잘못을 이르는 말이거나, 보채는 말일 수도 있습니다. 그러나 이러한 표현도 아이에게는 중요합니다. 이럴 때 엄마가 "그랬니?"라고 맞장구를 치면서 이야기를 들어준다면 아이의 억울한 마음도 풀리고, 아울러 자녀의 속마음을 들을 수도 있습니다.

■ 부모부터 말을 잘해야 합니다

자녀의 마음을 움직이려면 부모부터 말을 잘해야 합니다. 여기서 말을 잘한다는 것은 화려한 미사여구나 달변을 말하는 것이 아니라, 적재적소에 맞는 말을 효과적으로 사용하는 것을 말합니다.

어떤 부모들은 “나는 언변이 뛰어나질 못해서…….” “꼭 그걸 말로 해야 하나요?”라며 자녀와 대화하는 것을 피하려고 하시는 분들도 있습니다. 그러나 대화하지 않으면 아무 것도 얻을 수 없습니다. 평소에 논리적이고 설득적으로 말하는 습관을 기르는 연습이 필요합니다.

■ 부모의 기분에 대해 솔직하게 말해야 합니다

전화 통화를 하거나 샤워를 하고 있을 때처럼 아이의 이야기를 들어줄 수 없을 때에도 아이가 이야기하기를 원하는 경우가 있습니다. 그럴 땐 아이에게 엄마의 사정을 알아듣게 설명해 준다면 아이는 수긍을 하여 엄마를 기다려 줄 것입니다.

부모라고 해서 언제나 웃는 얼굴과 온유한 자세로 자녀를 대할 수는 없습니다. 이럴 때는 “엄마가 오늘은 몸이 아프구나. 내일 이야기하자꾸나.” “지금은 아빠가 몹시 기분이 언짢기 때문에 이야기를 할 수가 없단다. 조금만 기다려 주겠니?”라고 부모의 감정 상태를 표현하는 게 좋습니다.

만약 자녀와 대화하기 힘든 마음 상태라면 솔직하게 자녀에게 부모의 마음 상태를 알려주는 것이 도움이 됩니다.

■ 감정을 조절할 줄 알아야 합니다

자녀가 물을 엎지르거나 그릇을 깨거나 하는 등의 실수에 대해 부모가 화를 낸다면 아이는 아무 말도 할 수가 없습니다. 이럴 때는 한 박자 쉬는 것이 최고입니다.

잠시 쉬는 동안 '이 정도는 어른도 쉽게 저지르는 실수지?' 라는 마음이 들어 화가 가라앉을 수도 있을 것이며, 아이도 자신의 잘못을 반성할 것입니다.

자녀에게 절대 해서는 안 되는 7가지 말

많은 부모들이 생각하듯 아이들이 어리다고 해서 감정이나 생각이 없는 것이 아닙니다. 그렇기때문에 부모가 자녀의 상한 마음을 잘 어루만져주지 않는다면 자녀들은 부모의 꾸중이나 푸념을 가슴에 차곡차곡 쌓아 두게 됩니다.

■ "엄마 바쁘니까 이따 이야기해." "말도 안 되는 소리하지 마."

어릴 때는 이해가 안 되는 것이 많기 때문에 알고 싶은 것들도 많습니다. 하지만 사고력이 완전히 발달하지 않았기 때문에 어른들을 따라다니며 계속해서 물어보거나 이치에 닿지는 않지만 나름대로의 생각을 말하는 것을 볼 수 있습니다. 어떤 아이들은 부모의 관심을 붙잡아 두기 위해 일부러 부모에게 끝없이 질문을 하기도 합니다.

이럴 경우 많은 부모님들이 한두 번은 대답을 해주다가 금세 귀찮아하거나, 부모 자신도 고민이 되기 때문에 쉽게 아이의 질문을 묵살하곤 합니다. 그러나 이것은 아이의 자유롭고 적극적인 사고와 창의성을 저하시키게 됩니다.

이럴 때는 인내심을 갖고 아이에게 생각의 실마리를 던져주면서 다른 질문으로 유도해가는 것이 바람직합니다. 그 과정 속에서 아이가 원하는 답이 찾아질 수도 있고, 설사 그렇게 되지 않더라도 사고의 과정을 아이에게 자연스럽게 가르쳐 줄 수 있습니다.

■ "내가 너 때문에 못 살아!" "엄마가 너 때문에 늙는다, 늙어."

자녀가 저지르는 잘못이나 실수에 대해서, 혹은 부모가 보기에 성에 안 차는 행동을 아이가 할 때마다 우리나라의 어머니들이 습관적으로 하는 말입니다. 습관적이라는 것은, 이 말이 자녀에게 비칠 수 있는 좋지 않은 영향을 생각하지 못하고 있다는 의미입니다.

그러나 이 말은 어느 틈에 아이의 가슴에 자리 잡게 되고 성장해서까지 영향을 미치게 됩니다. 특히 부모에게 불행이 닥쳤을 때 이 말은 자녀에게 엄청난 위력으로 되살아 날 수 있습니다.

■ "얼씨구 잘한다!" "네가 하는 일이 다 그렇지 뭐." "거봐, 내가 뭐랬니?"

자녀의 실수나 엉뚱한 말과 행동에 대해 별 생각 없이 빈정거림이나 야유, 혹은 조소의 어감을 담고 있는 말을 하는 부모가 있습니다. 이런 말을 하는 부모의 마음 속에는 '어린 게 뭘 알아들을까?' 하는 생각이 있을지도 모릅니다.

그러나 자녀가 어려서 사고의 힘이 부족할 망정 다른 사람이 하는 말의 느낌마저 알지 못하는 것은 아닙니다. 부모의 빈정거림이 배어 있는 말은 자녀의 자신감과 자존(自尊)감을 앗아갑니다.

■ "넌 그것밖에 못하니?" "쓸데없는 짓 그만하고 공부나 해."

"엄마, 이거 오늘 유치원에서 그린 건데 우리 집이야. 잘 그렸지?"

"에이, 그게 어디 집이니? 집은 그렇게 그리는 게 아니야."

처음으로 어떤 대상을 그려 본 아이에게 부모의 눈으로 본 느낌을 가지고 말을 한다면, 그 아이가 다시 부모에게 그림을 보여주고 싶은 마음이 들 리가 없습니다. 더욱이 어떤 일을 처음 시도할 때 늘 불안감과 주저하고 자신 없어 하는 마음이 자라게 될 것입니다.

자녀가 뭔가를 처음으로 시도해서 해냈을 때 칭찬과 격려를 해주지는 못할 망정 부모로서 이런 말을 한다는 것은, 다시는 그런 일을 하지 말라는 말을 하는 것과 다를 게 없습니다.

아이가 조금은 서툴더라도 용기를 북돋워 주면서 지켜보아야 합니다. 자녀의 숨겨진 재능이 드러날 수 있는 가능성을 부모가 차단하는 일은 없어야 합니다.

■ "왜 시키지도 않은 일을 해서 말썽이야!"

자녀가 부모를 위한다는 생각으로 일을 벌였다가 부모의 일을 거들기는커녕 오히려 부모를 성가시게 만드는 경우가 종종 있습니다. 그럴 경우 자녀의 착하고 대견한 마음은 흔적도 없이 증발해 버리고 부모의 짜증과 꾸중만이 자녀에게 쏟아지게 됩니다.

그러나 내가 남편을 위해 옷 한 벌을 샀을 때 상대방이 마음에 들지 않아 핀잔 섞인 말을 한다면 그때 기분이 어떨까요? 마찬가지로 아이들이 행동한 일의 결과가 좋지 않았다고 해서 부모가 위와 같은 말을 한다면 어린 마음이 어떨지는 쉽게 상상할 수 있을 것입니다.

■ "내가 누구 때문에 사는데!" "내가 널 어떻게 키웠는데!"

대부분 우리나라의 부모들은 자녀에게 삶의 모든 것을 걸고 자녀를 위해서라면 어떤 희생도 마다하지 않습니다.

물론 부모의 희생에 가까운 정성과 보살핌이 나쁘다고 할 수는 없습니다. 다만 이런 부모들일수록 자녀에 대해 불안해하고, 많은 걱정이 집착이 되어 자녀를 옥죄는 경우가 많다는 것이 문제입니다. 자녀에게 헌신하며 모든 것을 바쳤다고 말하는 부모일수록 그들의 자녀가 너무나 큰 부담을 지고 평생을 살아가는 것을 볼 수 있습니다.

성장한 자녀에게 "내가 널 어떻게 키웠는데!" 하는 말로, 또는 과거에 내가 고생했으니 그 보상으로 너는 나에게 조그만 잘못도 해서는 안 된다는 식으로 자녀의 발목을 움켜쥐고 의지하려고만 한다면 그 자녀가 행하는 것이 참된 효가 될 수 있을까요?

■ "넌 누굴 닮아서 이 모양이니?"

자녀는 자주 잘못을 저지르고 부모의 눈에 안 차는 행동을 할 수가 있습니다. 그럴 때 필요한 것이 바로 부모의 용서와 격려입니다. 자녀가 작은 잘못을 저지를 때마다 이런 식의 말로 야단을 친다면 그렇지 않아도 후회하고 있는 아이 마음의 상처에 소금을 뿌리는 것과 같습니다.

아이들에게 있어 부모는 절대적인 존재입니다. 그런 부모가 자녀에게 이런 평가를 내린다면 순진한 아이들은 상처받고, 활달하고 적극적인 아이도 점차 소극적이고 자신감이 없는 아이로 자라게 될 수 있습니다.

프랑스에는 역사상 모두 예순아홉 명의 군주가 있었는데, 그들 가운데 국민들의 진정한 사랑과 존경을 받았던 군주는 세 명에 불과했다고 합니다. 생 루이, 루이 7세, 그리고 앙리 4세가 바로 그들입니다.

프랑스의 어느 작가는 그들에게는 백성들의 아픔을 이해하고 상처를 감싸줄 줄 아는 따뜻한 마음이 있었다고 기록했습니다. 그러면서 다른 군주들과 달리 그들만이 사람을 사랑할 줄 알고 감쌀 줄 아는 특별한 인간미를 가질 수 있었던 데에는 한 가지 이유가 있다고 했습니다.

바로 어머니와의 대화였습니다. 다른 군주들은 어머니와 떨어져 유모의 손에 키워졌지만 유독 그 세 군주만은 어머니의 품에서 자라며 충분한 대화를 나눌 수 있었다고 합니다. 바로 그 점이 그들에게 인간미를 선사했다는 것이 그 작가의 평이었습니다.

부모와 자녀 사이의 대화는 그 정도로 중요합니다. 대화는 서로를 믿고 신뢰한다는 뜻이고, 내 마음을 열어 상대방을 받아들일 수 있다는 표현이기 때문입니다. 또 대화는 응어리진 관계를 풀어주고 건전한 가치관을 가꿔주는 인간관계의 묘약이기 때문입니다.

그렇다면 대화는 어떤 행위로 이루어지는 걸까요? 대화는 말하기와 듣기, 두 가지 행위로 이루어지는 인간의 가장 기본적인 상호 작용입니다. 그런데 흔히 우리는 효과적으로 말하기 위한 방법을 익히는 데는 열심이지만, 효과적으로 듣는 방법에는 거의 관심이 없습니다. 그래서 말 잘하는 사람은 많아도 상대의 고민을 진심으로 들어주는 사람, 상대의 마음을 설득할 줄 아는 사람은 적은 것입니다.

자녀가 잘못된 길을 가고 있거나 좋지 않은 행동을 할 때 좋은 부모라면 야단을 치기 전에 대화를 통해 스스로 잘못을 알게 하고 개선할 수 있게 이끌어주는 설득의 대화를 할 수 있어야 합니다. 자녀 스스로 최선의 방법을 찾아 실천하게 하는 효과적인 대화를 하기 위해서는 우선 부모가 자녀의 이야기를 경청해야 합니다.

적극적인 경청은 자녀의 내면 세계로 들어가는 가장 중요한 열쇠입니다. 자녀와의 대화를 효과적으로 이끌고 싶다면 우선 자녀가 부모 앞에서 자신의 생각과 감정 등을 꾸밈없이 편안하게 말할 수 있는 분위기를 조성해주어야 합니다.

사람은 누구나 상대가 자신을 있는 그대로 받아들이고 있다고 느끼게 되면 마음의 문을 활짝 열게 됩니다. 자신의 고민과 생각을 허심탄회하게 말할 수 있는 상대라면 그가 내놓는 의견 또한 기꺼이 받아들일 수 있기 때문입니다. 따라서 먼저 부모가 자녀를 있는 그대로 받아들여야 합니다.

자녀의 이야기를 들을 때 주의해야 할 점이 있습니다. 자녀에게 이야기를 하라고 해놓고는 걸려오는 전화를 다 받고 신문이나 텔레비전을 흘끔거리는 등의 무성의한 태도를 보여서는 안 됩니다. 부모가 자신에게 집중하지 않는다면 자녀는 무시당했다는 기분이 들어 모처럼 연 대화의 문을 닫아버릴 것입니다.

또한 자녀의 이야기를 끊거나 부모가 자신의 의견이나 입장을 표현하기에 급급해서도 안 됩니다. 세상의 모든 일은 자기의 가치관에 따라 해석되는 것입니다. 자녀가 말하고자 하는 의미, 전달하고자 하는 내용은 자녀의 입장에서 들어야 합니다. 부모의 생각이 중요하고 부모의 판단이 더 옳다는 마음으로 대화에 임한다면 자녀의 말이 있는 그대로 들리지 않을 것입니다.

대화의 기술이 부족한 부모라면 그냥 들어주기만 해도 됩니다. 자기 이야기를 잘 들어주는 사람을 싫어하는 사람은 없으니까요. 그런데 대부분의 부모들은 자녀의 생각을 있는 그대로 받아들이기만 한다면 자녀가 발전하지 못한다는 편견을 갖고 있습니다. 그러나 사람과의 관계에 있어서는 서로 마음을 열지 않는 이상 어떠한 발전도 있을 수 없습니다.

자녀가 이야기하는 도중 끼어들어 비난하거나 질책하고 싶은 마음을 억누르고 끝까지 자녀의 이야기를 듣기만 해도 자녀는 달라집니다. 자신의 이야기에 선입견을 갖지 않고 수용적인 태도로 받아들이려는 부모에게 자녀는 조금씩 마음을 열게 마련이고 점점 더 많은 이야기를 하고 싶어 하게 됩니다.

좀더 적극적인 부모라면 자녀가 이야기하는 도중 장단을 맞추듯 "아, 그랬었구나." "속상했겠네." "그래, 그럴 수도 있겠다." 하며 자녀의 말을 경청하는 것은 그냥 들어주기만 하는 경우보다 자녀에게 더 깊은 친밀감을 주기 때문에 효과가 큽니다.

또 자녀는 부모에게 무엇인가 요구하고 싶은 것이 있어도 정확하게 무엇을 어떻게 요구해야 하는지 모르는 경우도 있습니다. 이럴 경우에는 부모가 이런저런 질문을 통해 자녀 스스로 생각을 정리해 나가도록 도와주는 것도 좋습니다. 그러나 이때 부모가 의도하는 방향으로만 이야기를 끌고 가서는 안 됩니다. 예민한 자녀라면 금세 부모의 의도를 읽고 더욱 굳게 마음을 닫아버리게 됩니다.

자녀가 잠시 말을 멈출 때는 더 할 이야기가 없는지, 충분히 할 이야기를 했는지를 물어봅니다. 자녀의 이야기가 끝나면 부모는 지금까지 들은 내용을 더하거나 빼지 말고 요약해서 자신이 제대로 이해하고 있는지를 확인시킬 필요가 있습니다. 자녀의 고민과 생각을 정확하게 이해하고 있어야만 다음 단계의 대화로 나아갈 수 있기 때문입니다.

제2장

아이의 가능성을 키워주는 유태인 부모의 대화법

"아들을 3등급으로 나눈다면 1등급 아들은 공부 잘 하는 아이이고, 2등급 아들은 착하기만 한 아이이며, 3등급 아들은 지 애비 닮은 놈."이라는 우스갯소리가 유행한 적이 있었습니다.

이 이야기는 우리의 교육·문화적 특성을 드러냅니다. 우리나라 부모님들은 공부 잘 하고 말 잘 듣는 착한 아이를 이상적인 자녀로 여기는 경향이 높습니다. 이것은 개인의 특성과 능력은 각양각색인데, 몇 가지 획일적인 잣대로 자녀를 판단하기 때문입니다.

그러나 유태인들은 자녀가 공부를 잘 하기보다는 자신이 타고난 기질을 잘 발휘하여 훌륭한 인격체로 성장하도록 인도하는 데 목표를 둡니다. 아이의 지능지수 때문에 걱정하거나 영재 교육이니 뭐니 해서 남보다 월등한 아이로 키우려고 조바심을 내며 야단을 떠는 유태인 부모는 없습니다. 자녀에게 공부를 억지로 강요하거나 무조건 많이 가르치려고 하는 부모도 볼 수가 없습니다.

미국에서 대중적으로 가장 성공한 패션 디자이너인 캘빈 클라인은 유태인입니다. 그는 어릴 때 학교 성적이 별로 좋지 않았을 뿐더러 다른 사내애들처럼 잘 뛰어 놀지도 않았다고 합니다.

오히려 여자아이들처럼 인형에 옷을 입히거나 자기가 직접 여자 옷을 입어보기도 했다고 합니다. 캘빈 클라인의 어머니는 아이가 혹여 비정상적인 것은 아닌가 하여 걱정이 된 나머지 하루는 어린 캘빈을 불러놓고 물었습니다.

"캘빈, 너는 친구들하고 밖에서 뛰어 노는 게 싫으니?"

"네. 저는 집 안에서 노는 게 좋아요."

"그럼, 네가 인형을 가지고 놀거나 여자 옷 입는 걸 좋아하는 이유는 뭐시?"

"그게 재미있으니까요. 내 손으로 옷을 만들어 입어보고 싶고, 다른 사람들한테도 입혀 보고 싶어요."

"아, 그랬구나! 그럼 너는 패션 디자이너가 되고 싶은 모양이로구나? 엄마는 그것도 모르고……."

이후 캘빈 클라인의 어머니는 그가 관심과 재능을 보이는 일을 해나갈 수 있도록 노력을 아끼지 않는 가장 든든한 후원자가 돼 주었다고 합니다.

만일 다른 아이들과 다르다고 하여 그의 어머니가 걱정만 하거나 그것을 억지로 바로잡으려고만 했다면, 혹은 다른 아이들이나 형제들과 수없이 비교하며 상처를 주기만 했다면, 캘빈 클라인이라는 세계적으로 유능한 패션 디자이너는 탄생할 수 없었을 것입니다.

교육학자들에 의하면 아이들이 잘못을 저지르거나 다투었을 때 출생 순서에 따라 시시비비를 가리는 것은 바람직하지 못하다고 합니다. 아이들은 어른이 되어서도 언제 부모가 형제 간에 차별 대우를 했는지, 그리고 서로를 비교해가며 인격과 자존심에 상처를 주었는지를 아주 세심하리만큼 기억합니다.

그러므로 현명한 부모라면 "너는 왜 남들처럼 공부를 못 하니?" "동생은 안 그런데 넌 왜 그 모양이니?" 등등의 말로 자녀를 비교하는 말은 삼가야 합니다.

부모의 신중하지 못한 말과 행동은 자녀에게 깊은 상처를 남깁니다. 자녀는 서로 개별적 인격체임을 인정하시고 서로의 개성을 키워주는 현명한 부모님이 되십시오.

우리나라의 가정에서는 가족이 모여서 식사를 할 때 대부분 조용한 분위기를 선호하는 편입니다. 오랜 전통 탓에 식사를 할 때는 경건해야 한다고 생각하는 부모들이 많습니다.

아이들이 밥을 먹다 말고 학교에서 있었던 일을 이야기라도 하려고 하면 많은 부모님들이 식탁에서의 예절을 거론하며 이렇게 말합니다.

"시끄러워. 밥 다 먹고 이야기해."

"밥 먹을 때는 떠드는 게 아니야."

"그것 봐라. 반찬에 밥알이 튀잖니."

"넌 왜 그렇게 달그락거리면서 밥을 먹니?"

"입안에 든 음식이 다 보이잖아. 입 좀 다물어라."

그러나 위의 말들은 결코 올바른 식사 예절을 가르치고 있다고 보기가 어렵습니다. 그저 조용한 식사를 강요하는 부모의 생각일 뿐입니다.

더욱이 요즘은 맞벌이 부부가 늘면서 자녀들과의 대화 시간이 부족함에도 정작 온 가족이 한 자리에 모일 수 있는 유일한 기회인 식사 시간에도 조용히 밥만 먹을 것을 강요당합니다.

이런 환경 속에서 자라는 동안 아이들은 식사 시간이 되면 꿀 먹은 벙어리가 되어갑니다. 그리고 식탁에서 수저를 놓자마자 일어서서 자신의 방으로 들어가 버리는 경우가 점차 늘어갑니다.

유태인들에게도 엄격한 식사 예절이 있으며, 그것을 매우 중요시 여깁니다. 그러나 그들의 식사 예절은 조용한 식사에 집착하는 것과는 거리가 멉니다. 그보다는 음식을 먹을 때 즐겁고 감사하는 마음으로 먹어야 한다는 것과 음식에 대한 경건한 마음에 중점을 둡니다.

유태인들은 식사를 할 때 TV를 틀어 놓는 일이 없습니다. 그들에게 있어 식탁에 온 가족이 모여 식사를 하는 시간과 장소는 매우 신성한 의미를 지닙니다. 식탁이 바로 가족의 화합을 확인하는 장소인 동시에 자녀들의 교육이 이루어지는 소중한 곳이기 때문입니다.

특히 유월절, 축제 등 특별한 의미를 갖는 날에는 아주 풍성한 음식을 차려 놓고 가족뿐만이 아니라 친척들까지 초대를 하여 몇 시간 동안에 걸쳐 식사를 즐기기도 합니다.

유태인들은 명절에 음식을 함께 먹으며 하는 전통 교육을 중시합니다. 예를 들어 새해 명절에는 사과를 꿀에 찍어 먹으며 사과처럼 달콤하게 새해를 보내라는 선조들의 뜻을 함께 이야기하고 배웁니다. 또한 모세가 유태인과 가나안으로 온 날을 기리는 명절에는 쓴 풀과 누룩 빵을 먹습니다. 그 음식을 먹으며 모세가 유태인을 가나안으로 데리고 오기까지의 시련과 고난을 극복한 것에 대해 함께 이야기합니다.

이렇게 명절에 모두가 같은 음식을 먹으며, 같은 행동을 하고, 명절에 깃든 뜻을 얘기하면서 역사와 전통을 공부하는 것입니다.

음식에 대한 관념에 있어서도 유태인들은 상당히 엄격합니다. 식사를 하는 것을 종교적인 행위로 생각하기 때문입니다.

특별한 의미를 갖는 날에 식탁 하나 가득 차려지는 음식들은 대개가 여러 시간을 들여 정성을 다해 마련한 것들입니다.

그렇다고 매일의 식사 때는 아무렇게나 음식을 차려놓고 아무 것이나 먹으면 된다고 생각하는 것이 아닙니다. 유태인들은 그날그날 먹을 음식에 대해서도 매우 세심하게 신경을 씁니다.

종교적인 이유가 가장 크기는 하지만 유태인들은 음식을 먹는 데에 있어서 상당히 까다로운 기준과 구분을 두고 있습니다. 따라서 생각 없이 아무 음식이나 함부로 먹는 일이 결코 없습니다. 이는 그들의 종교와 관련하여 깨끗하고 정갈하다고 믿는 음식이 따로 있기 때문입니다.

따라서 유태인들은 먹을 수 있는 음식과 먹을 수 없는 음식을 엄격하게 구분하여 철저히 지킵니다.

예를 들어 유태인들은 돼지고기, 뱀장어, 미꾸라지 등을 먹지 않는데 이것은 그들의 종교에서 비롯된 것이라고 볼 수 있습니다.

그들은 식사를 하는 동안 이러한 유태인의 관념과 관습을 자녀들에게 자연스럽게 보여줌으로써 그들의 종교와 전통, 그리고 가장 '유태인다운 것'이 무엇인가를 가르칩니다.

큰 소리로 야단치는 것보다 침묵이 더 큰 벌이다

우리나라 사람들은 오랜 옛날부터 "매를 아끼면 아이를 망친다."고 하여 자녀가 잘못을 저질렀을 때에는 체벌을 해왔습니다. 적지 않은 경우에 있어 이러한 체벌은 자녀 교육의 올바른 수단으로 여겨져 왔던 것도 사실입니다.

체벌을 통해 자녀 교육이 효과를 거두기 위해서는 많은 자제력과 분명한 기준, 적절한 시기가 전제되어야 합니다. 체벌은 그야말로 자녀 교육에 있어 가장 낮은 수준의, 그리고 최후의 수단이어야 하기 때문입니다.

그러나 부모들도 인간이고 감정을 가진 사람이라는 데에 체벌의 문제점이 있습니다.

우리는 주변에서, 자녀들이 큰 잘못을 저지른 것도 아닌데 습관적으로 체벌을 가하는 부모들을 자주 보게 됩니다.

이런 부모들은 체벌에 있어 어떤 기준도 없으며, 크고 작은 잘못을 가리지도 않으며 아이의 잘못이 어디에서 비롯되었는지를 생각하지도 않습니다. 그리고 무엇보다 큰 문제점은 체벌의 기준이 없다 보니 부모 자신의 감정이나 기분에 치우쳐 매를 드는 경우가 있다는 점입니다.

이러한 부모의 무분별한 체벌이 아이의 몸과 마음과 장래를 망쳐놓는 심각한 결과를 부를 수가 있습니다.

- 내가 지팡이로 저희 범과를 다스리며 채찍으로 저희 죄악을 징책하리로다.(시편 89장 32절)

- 명철한 자의 입술에는 지혜가 있어도 지혜 없는 자의 등을 위하여는 채찍이 있느니라.(잠언 10장 13절)

- 심판은 거만한 자를 위하여 예비된 것이요 채찍은 어리석은 자의 등을 위하여 예비된 것이니라.(잠언 19장 29절)

- 아이의 마음에는 미련한 것이 얽혔으나 징계하는 채찍이 이를 멀리 쫓아내리라.(잠언 22장 15절)

- 아이를 훈계하지 아니치 말라. 채찍으로 그를 때릴지라도 죽지 아니하리라.(잠언 23장 13절)

위의 〈구약성서〉 구절들에서도 나타나듯이 이스라엘에서는 하나님의 말씀으로조차 유태인들이 자녀의 올바른 교육을 위해 부득이한 경우 매를 드는 것을 인정하고 있습니다. 그러나 그들에게는 분명한 체벌의 기준이 있습니다.

첫째, 절대로 손 이외의 도구를 이용해서 체벌을 가하지 않습니다. 유태인들은 손도 자녀를 교육시키기 위한 도구라고 생각하기 때문입니다.

둘째, 절대로 자녀의 머리만은 때리지 않습니다. 모든 신체 부위 가운데 머리는 지혜의 근원이라고 하여 소중히 생각하기 때문입니다. 그래서 유태인들은 자녀에게 체벌을 가할 때에 뺨이나 엉덩이를 주로 때립니다.

셋째, 절대로 부모가 감정에 치우쳐 자녀를 때리는 일이 없습니다. 진정으로 자식을 사랑하는 부모만이 자녀에게 매를 들 수 있으며, 이러한 신념이 없는 부모는 매를 들 수 없다고 믿기 때문입니다.

그러나 유태인들에게는 매보다도 무섭게 여기는, 즉 최후 수단으로 여기는 벌이 있습니다. 그것은 바로 침묵입니다. 유태인들은 대화를 중시하는 민족이기 때문에 침묵은 최후의 벌로 여기고 있습니다. 유태인 아이들도 매보다 엄마와 아빠의 침묵을 더 무서워합니다.

아이가 잘못을 저질러 몇 차례 주의를 주고, 아이가 가장 좋아하는 것을 못 하게 하고, 어떤 경우 매를 들었음에도 그 잘못이 고쳐지지 않을 때 유태인 부모들은 마지막으로 아이를 격리시켜 놓고 일체 말을 걸지 않습니다.

아이는 부모와의 대화가 단절되는 그 순간부터 커다란 불안과 두려움을 겪게 됩니다. 결국 아이는 그 두려움 속에서 자신의 잘못을 되짚어보며 반성하는 시간을 갖게 되고 스스로 뉘우치게 됩니다. 그리고는 이내 부모에게 다가와 용서를 빕니다.

부모들 역시 침묵의 시간 동안 자신을 되돌아봅니다. 자녀 교육에 대한 자신의 역할을 충실히 수행하지 못했으므로 침묵의 벌을 받는다는 뜻입니다. 이러한 반성은 다시 자녀에 대한 지극한 사랑의 감정을 확인하는 계기로 이어지게 됩니다.

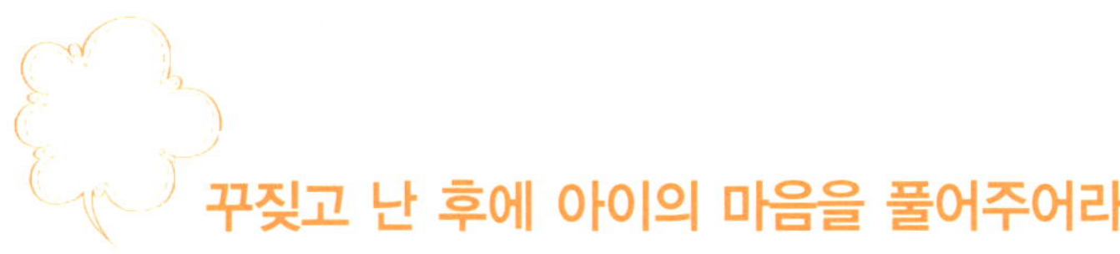

꾸짖고 난 후에 아이의 마음을 풀어주어라

우리나라의 부모들은 아이들을 야단치는 데에도 서툴지만, 이후에 야단을 맞거나 체벌을 당한 아이의 마음을 어루만져주는 면에서는 더 많이 서툰 것 같습니다.

오랜 시간 자신의 감정을 누르지 못하거나, 벌을 받고 마음을 상해 풀이 죽어 있는 아이들에게 계속 무서운 얼굴로 일관하는 부모들이 많습니다.

"네가 무슨 잘못을 했는지 이제 알겠어?"

"네……."

"그럼 얼른 잘못했다고 해야지? 사내 녀석이 울긴 왜 울어? 얼른 눈물 닦지 못해?"

"아빠, 잘못했어요."

"너 한번만 더 동생한테 그러면 그땐 정말 용서 없을 줄 알아?"

"네……."

"얼른 세수하고 네 방으로 가서 자!"

어떤 식으로 자녀를 달랠지 몰라 많은 부모들이 위와 같은 말들을 하곤 합니다. 하지만 이런 말들은 마음을 상한 아이에게 재차 벌을 받던 상황을 떠올리게 하거나 계속적인 위협으로 들리기가 쉽습니다.

이럴 경우 아이들은 벌을 받던 당시의 두려움과 마음의 상처를 지워 버리지 못한 채 그것들을 고스란히 마음속에 담고 지내게 됩니다.

또한 아이의 잘못을 바로잡아 주고 제대로 가르치기 위해서 준 벌이 아이에게 상처를 남기고 부모에 대한 서운함과 원망을 갖게 만드는 결과를 가져올 수도 있습니다.

〈탈무드〉에는 다음과 같은 말이 나옵니다.

"꾸짖었더라도 재울 때는 따뜻하게 대하라."

아이에게 아무리 심한 꾸중을 했더라도 잠자리에 들 때는 정답게 대하여 상한 마음을 어루만져주라는 뜻입니다.

"다 씻었으면 옷을 갈아입자꾸나. 이리 오렴. 아까 엄마한테 야단 맞아서 마음이 아팠지?"

"네. 하지만 내가 나쁜 아이라서 그런 걸요. 엄마 내가 나빴어요."

"얘야, 그렇지 않아! 엄마는 너의 잘못된 행동을 야단친 거지 네가 나쁜 아이라고 혼을 낸 게 아니란다. 그리고 네가 아까 잘못을 뉘우쳤을 때 엄마는 모든 걸 용서했단다."

"그럼 엄마는 내가 밉지 않아요?"

"밉다니? 엄마가 너를 얼마나 사랑하는데! 아주 많이 사랑하기 때문에 벌을 준거란다."

"엄마, 나도 엄마를 사랑해요. 다음부터는 나쁜 짓 하지 않을게요."

"그래, 됐다. 이제 다 잊고 엄마가 너를 사랑한다는 것만 기억하며 자거라. 그럼 내일은 다시 새로운 하루가 너를 기다리고 있을 게다."

어린아이들의 마음은 백지와도 같습니다. 따라서 그 백지 위에 어떤 그림을 그리게 되느냐는 부모의 교육이 어떠하냐에 달려있는 것입니다. 부모가 어린 자녀에게 벌을 준 다음에 마음을 잘 다독여 주지 않으면 아이는 벌을 받을 때의 두려움과 서운함, 미움, 혐오감 등을 그대로 간직한 채 감정의 앙금을 순백의 도화지와도 같은 자신들의 마음 속에 그리며 지내게 됩니다. 따라서 유태인 부모들은 자녀들의 마음속에 남을지도 모르는 앙금만은 없애주려고 노력을 합니다.

특히 부모가 전하는 사랑의 말 한마디는 아이의 가슴에 남았을지도 모를 모든 좋지 않은 감정들을 없애 주면서, 자녀가 편안하고 행복한 마음으로 숙면을 취할 수 있도록 해 줍니다. 이렇게 하여 유태인 아이들은 언제나 전날의 근심 없이 새로운 아침을 맞이하게 됩니다.

이러한 하루하루가 쌓여 이루어지는 교육을 통해 유태인들은 과거에 얽매여 연연하지 않고 밝고 낙천적인 성격을 기를 수 있습니다.

"아빠, 어제 읽은 책에서 나온 기적이 무슨 말이에요?"

"응, 사람의 힘으로는 도저히 이루어질 수 없을 것 같은 일이 일어나는 것을 기적이라고 한단다."

"아아, 그렇구나! 아빠, 오늘은 이 책을 읽어 주세요."

"오, 네가 고른 책이니? 어디 보자. 〈이솝우화〉구나?"

"네."

"자, 그럼 오늘은 '사자의 탈을 쓴 당나귀' 이야기를 읽어 주마. 옛날 옛날에 숲속에……."

"아빠, 탈이 뭐예요? 그리고 당나귀가 사자의 탈을 쓰니까 왜 다른 동물들이 도망을 가죠?"

"응, 탈이란 건 자신의 모습을 가리거나 바꿀 수 있는 가면 같은 것이란다. 그리고 사자의 탈을 쓴 당나귀를 보고 다른 동물들이 진짜 사자인 줄 알았기 때문이란다. 얘야, 오늘 이야기를 들으니 어떤 생각이 드니?"

아이가 말과 글을 배우게 되면서, 모르는 단어의 의미를 자주 물어보는 것을 볼 수 있습니다. 이때부터 아이의 독서 활동은 시작된다고 할 수 있습니다. 독서란 글을 쓰고 읽는 때부터가 아니라 입으로 말하고 귀로 듣는 것의 연장인 것입니다.

이러한 유아기의 독서 지도에 철저한 민족이 유태인입니다. 유태인은 독서가 한 어린이를 훌륭한 어른으로 만들고, 공동체가 뛰어난 국가와 민족을 형성하는 밑거름이 된다고 믿고, 독서 지도에 많은 교육을 합니다.

그러한 교육의 일환으로 이스라엘 아이들은 돌이 지나면 누구나 침대 머리맡에서 부모가 책 읽어주는 소리를 들으면서 하루를 마칩니다. 베갯머리 이야기는 유태인 부모의 의무이자 전통적인 일과입니다.

베갯머리 이야기를 들으며 자란 유태인 아이들은 책과 친밀하여 낱말의 뜻을 정확하고 적절하게 사용하게 되며, 이야기 줄거리를 통해 여러 가지 새로운 개념을 배우고, 정서와 사고력이 풍부해지게 됩니다. 또한 정해진 시간에 잠드는 좋은 습관을 가질 수 있으며, 부모와도 친근감과 긴밀한 애정을 쌓아 갈 수 있습니다. 따라서 유태인 부모들의 베갯머리 이야기는 자라는 아이들에게 지적인 성장과 함께 정서적인 성장을 가져오게 해 전인적인 인격을 갖춘 사람으로 성숙하게 하는 밑거름이 되고 있습니다.

유태인 부모들은 자녀의 베갯머리에서 행하는 독서 지도를 자녀 교육의 으뜸 수단으로 생각하며, 유태인 부모로서의 당연한 의무라고 여깁니다.

그런데 유태인 부모들은 이러한 베갯머리 이야기를 들려 준 뒤 그 느낌을 나누는 과정도 책을 읽어주는 과정만큼이나 중요하게 여깁니다. 이 과정에서 아이들은 사고력도 키우고 책 읽기와 표현하기, 글쓰기에도 익숙해지게 됩니다.

카프카, 하이네 등 유명한 인물들이 많이 배출된 것도 그 때문이라고 할 수 있습니다. 그들은 어려서부터 자신의 상상력과 창조력을 손중할 줄 알고 그것을 키워주기 위하여 베갯머리 맡에서 늘 책을 읽어주는 부모님이 계셨기 때문입니다.

유태인 부모들 가운데에서 침대에 누인 아이가 잠들 때까지의 짧은 시간을 허비하는 이는 없습니다. 그들에게 있어 자녀들이 잠들기까지의 시간은 부모와 자녀가 함께 하는 많은 시간 가운데에서 가장 소중하고 의미 있는 순간이라고 생각하기 때문입니다.

책을 매개로 매일 밤 부모와 자식 간에 이루어지는 감성적, 정신적 교감이야말로 베갯머리 이야기의 가장 커다란 성과라고 할 수 있습니다. 그것은 자녀의 성장을 도모하는 동시에 부모 자식 사이의 사랑을 쌓아가는 일입니다.

'이야기'를 통한 자연스러운 교제야말로 서로의 신뢰와 애정을 돈독히 하는 가장 좋은 기회가 됩니다.

유태인들은 부모가 책 읽어주는 것을 당연하다고 생각합니다. 특히 잠자리에 든 아이 머리맡에서 매일 조금씩 책을 읽어주면 아이들은 상상력도 길러지고, 네 살이 되면 평균 1,500개 이상의 단어를 알 수 있을 정도가 된다고 합니다. 잠자리에서의 베갯머리 이야기는 한참 말을 배워가며 무엇인가를 끊임없이 표현하려고 하는 아이들에게 무수한 단어와 어휘를 접촉할 수 있는 기회를 제공함으로써 어린이의 언어 발달에 도움을 주기 때문입니다.

부모와 대화를 통해 배우는 언어 능력도 적지 않지만, 그보다는 부모가 책을 읽어줌으로써 그 이야기를 통해 접하게 되는 낱말의 뜻을 아이가 정확하고 적절하게 이해하고 사용하는 것이 훨씬 효과가 크다고 합니다.

일상적인 대화 속에서는 부모나 다른 어른들이 어떤 말을 사용했을 때의 주변 상황이나 개인마다의 언어 습관을 아이가 제대로 이해하기가 힘들기 때문입니다.

반면 책에서는 자녀들이 가장 이해하기 쉬우면서도 아름다운 상황과 문장으로 어휘들을 사용하고 있기 때문에 낱말의 의미 습득뿐만이 아니라, 일상의 언어와 책 속의 언어가 가지고 있는 차이까지도 구별할 수 있게 됩니다.

자녀들은 어린 시절, 베갯머리에서 부모로부터 들은 이야기를 통해 미래를 상상하고 자신의 꿈을 설정하게 됩니다. 아이에게 어릴 때부터 큰 우주를 들려주면 그 아이는 자라면서 우주적인 존재를 꿈꾸게 되고, 작은 것, 협소한 세계만을 들으면 아이는 그 작고 협소한 세상 안에 안주하며 살아가게 되는 것입니다.

어린 시절 부모님의 이야기를 통해 들은 감동은 평생을 지배하게 됩니다. 아이는 부모의 이야기에 꿈을 심고, 미래를 상상하며 자랍니다. 유아기의 독서란 이처럼 소중한 체험입니다.

유명한 섬머힐 학교의 창시자인 니일은 "아이가 자기의 성기를 처음 만졌을 때 어머니가 그러한 행위를 금지시키는 최초의 교육이야말로 성을 이 세상에서 가장 신비스럽고 특별한 것으로 만든다."고 했습니다. 또한 그는 "어린이에게는 자위가 자연스러운 발견이다. 어린이에게 있어 최초의 자위는 별로 중요한 발견이 아니다."라고 하였습니다.

어린이들에게 있어 성기를 만지거나 자위 행위를 하는 것은 지극히 자연스러운 행동입니다. 그럼에도 도덕적 금기를 앞세워 감추고 쉬쉬하는 어른들에 의해 아이들은 성에 대한 자연스러운 태도를 가지지 못하고 부끄러운 것으로, 혹은 신비한 것으로 여기게 됩니다.

어린이들의 성에 대한 생각은 어른들로부터 영향을 받게 됩니다. 만약 부모가 자녀들 앞에서 자신이나 다른 사람의 벗은 몸을 보고 성적 관념을 떠올리거나 부끄럽게 생각하는 모습을 보인다면, 자녀들도 당연히 나체를 부끄럽게 여기거나 은밀한 성적 관념을 키우게 됩니다.

아이들은 보통 5~6세쯤 되면 성에 대해 의문을 가지기 시작합니다. 이 시기의 자녀들이 성에 대해 물어 오면 대개의 부모들은 당황하기 마련입니다.

그래서 "이 다음에 크면 알게 돼!"라고 회피하거나 "쪼그만 게 별걸 다 물어 보네. 저리 가서 놀아!"라고 아이의 말문을 막아 버리거나 "너는 엄마가 다리 밑에서 주워 왔어."라는 식으로 얼버무리는 정도입니다.

요즘 와서는 조기 성교육에 대한 필요성이 부각되면서 성교육을 시킨다고 해서 출산이나 성기에 대해 일일이 설명해 주시는 분들도 있습니다.

올바른 성교육의 역사가 일천한 우리의 상황이기에 아이가 이해하고 받아들이기 힘든 성교육일지라도 그것을 최선의 방법으로 생각하는 것입니다.

하지만 여기에는 간과할 수 없는 역설이 숨어 있습니다. 예로부터 동방예의지국이라 불리던 우리나라의 성 관련 범죄는 부끄럽게도 인구 비례로 볼 때 심각한 사회문제가 되고 있는 것입니다.

반면 우리나라 사람들이, 윤리 의식도 없고 성문화가 문란하다고 손

가락질하는 일본의 성 관련 범죄 비율은 우리나라와 비교할 때 극히 미미한 정도입니다.

이는 우리나라의 성 관련 의식이나 문화가 오랜 세월 억누르고 감춰 오는 동안 심하게 왜곡되었다는 사실을 보여주는 사례가 아닐 수 없습니다. 왜곡된 성문화 속에서 우리의 자녀들이 올바른 성교육을 받으며 자란다는 것은 어려운 일입니다.

자녀 성교육에 있어서 무엇보다 중요한 것은 성에 대한 부모님들의 열린 마음과 떳떳한 태도입니다.

유태인들의 5천년 역사의 보물 창고이며 정신적 지주인 동시에 생활 규범이라고 할 수 있는 〈탈무드〉는 성에 관하여 이렇게 말하고 있습니다.

- 성 관계는 올바르고 깨끗하게 행하면 즐거움이 된다. 성적 교섭이 추하다든가 부끄럽다는 말을 쓰는 일이 있어서는 안 된다.
- 성은 생명의 강이다.

유태인들은 이와 같은 〈탈무드〉나 〈구약성서〉의 전통에 영향을 받아 '성은 자연스러운 것' 이라는 인식을 가지고 있으며, 자녀들에게도 그러한 태도로 성교육을 합니다.

유태인들은 이처럼 성에 대해 부정적인 관념을 가지지 않기 때문에 아이들이 성에 대한 호기심을 가지고 다소 직접적인 질문을 하더라도 놀라는 일이 없습니다. 또한 의학적으로나 정신적으로 해롭지 않은 것으로 밝혀진 자위 행위 때문에 고민을 하거나 자녀의 그런 행위를 부끄러워하는 부모도 없습니다.

언제든 아이들의 질문에 망설임 없이 사실에 바탕하여 간단 명료하게 대답해 줍니다. 아이들은 본디 자신들이 알고 싶었던 부분에 대해서만 명료하게 대답이 주어지면 더 이상의 상상을 하지 않습니다. 더 이상의 것은 나중에 다시 질문을 하거나 혹은 자연스럽게 스스로 깨닫게 되는 경우가 많으니까요.

성은 일상생활입니다. 일상에서 성을 자연스럽게 이야기하는 것만큼 좋은 성교육은 없습니다. 만약 부모가 자녀의 질문에 당황하거나 부끄러워한다면 자녀는 성을 어렵게 생각하거나 온당치 못한 것으로 여기게 됩니다.

너무 자세하고 어렵게 성교육을 시킨다면 자녀가 금방 싫증을 내기 쉽습니다. 자녀가 성에 대해 질문할 때마다 그때그때 짧게 대답해 주는 것이 좋습니다. 이때 대답의 내용은 자녀의 연령이나 호기심 정도에 따라 대답의 깊이가 달라져야 합니다.

또한 성에 대한 자연스러운 관심을 충족시킬 수 있도록 하고 유아들이 가지고 있는 창조적 본성을 마음껏 발휘할 수 있는 자유로운 환경을 만들어 주면 됩니다.

성은 숨기거나 부끄러워 할 대상이 아닙니다. 자녀들의 소꿉놀이 등 놀이 속에서, 그리고 성에 대한 일상적인 질문에서부터 성교육은 시작됩니다. 부모는 자녀들의 성에 대한 질문에 솔직하고 현명하게 접근해야 합니다. 부모만큼 훌륭한 성교육 교사는 이 세상에 없습니다.

어릴 때부터 부모와 자녀 간의 대화가 지속되는 가정이라면 성 문제도 자연스럽게 해결되고 가족 간의 사랑이 묻어나는 행복한 가정이 될 수 있습니다.

거짓말하지 않는 유태인 부모들

자녀들의 가장 좋은 본보기는 부모입니다. 자녀들은 부모의 훈계나 회초리를 통해서 배우는 것보다 일상생활 속에서 부모가 하는 언행을 통해 더 많은 것을 배웁니다. 그러므로 자녀가 거짓말하지 않도록 하려면 부모부터 거짓말하지 않는 것이 효과적입니다.

그러나 부모들은 자녀에게 거짓말하지 말라고 가르치면서 정작 본인들은 거짓말을 쉽게 사용합니다.

"다음 주에 놀이동산에 데려갈게."

"엄마가 내일은 꼭 장난감 사줄게."

"이번에 성적 오르면 네가 원하는 것은 뭐든지 들어준다."

“전화 오면 아빠 없다고 해!”

위와 같은 거짓말들은 부모들이 흔히 하는 거짓말들입니다. 이런 호언장담을 했다가 약속을 지키지 못하면 아이들은 다시는 부모와 약속하려고 하지 않을 것입니다.

다음은 〈탈무드〉에 있는 예입니다.

라브라라는 사람은 아내와 아들과 함께 단란한 가정을 이루고 있었습니다. 그러나 그에게도 고민거리가 하나 있었으니, 아내는 항상 그가 좋아하는 음식과 정반대되는 음식을 만들어 준다는 점이었습니다.

그가 과일을 먹고 싶다고 말하면 아내는 고기를 준비하고, 그가 고기를 먹고 싶어하는 날이면 아내는 야채 반찬을 내놓았습니다.

이를 눈치챈 라브라의 아들은 어머니에게 거짓말을 합니다. 아버지가 야채가 먹고 싶어하는 날에는 어머니에게, “어머니, 아버지가 고기가 먹고 싶으시대요.”라는 식으로 전달했던 것입니다. 그랬더니 정말 라브라의 아내는 야채 반찬을 만들어 내놓았습니다.

이를 보고 라브라는 ‘이제서야 아내가 내 말을 제대로 듣는군.’ 하고 생각하였습니다. 그러나 얼마 되지 않아서 라브라는 아들이 자신을 위해 아내에게 거짓말을 한 것을 알게 되었습니다.

　라브라는 아버지를 생각하는 아들이 대견하긴 했지만 그냥 두면 거짓말하는 것이 습관처럼 굳어질 것 같아서 아들을 불러 조용히 타일렀습니다.

　"아들아, 네가 나를 위해 선의의 거짓말을 한 것은 고맙지만, 결코 거짓말을 해서는 안 된다. 앞으로는 거짓말하지 말도록 해라. 네가 계속 거짓말을 하면 엄마는 아빠가 원하는 것을 영원히 알 수 없단다."

　라브라는 원하는 음식을 먹는 것을 포기하고, 아들이 바르게 자라기를 바라는 마음에서 거짓말하지 않도록 가르쳤던 것입니다.

　유태인 부모들은 사실이 아닌 것은 자녀들에게 이야기하지 않으며, 어린아이들에게 거짓말을 하지 않습니다. 유태인들은 자녀가 현실을 있는 그대로 받아들이며 살아가기를 원하기 때문입니다. 상상력이 풍부한 옛날 이야기나 동화책을 들려줄 때에도 무엇이 현실이고, 무엇이 상상인지를 철저히 구분해 들려줌으로써 자녀들이 현실적인 사고를 기르도록 돕습니다.

　그들은 매사에 지나치게 집착하거나 탐닉하는 주관적 자세를 싫어하며 사후 세계를 믿지 않습니다. 그래서 아이들에게 죽음과 같은 문제도 무리하게 가르치려 하지 않고 〈구약성서〉에 의거해서 간결하게 가르칠 뿐입니다.

　"아빠, 정말 천사가 있나요?"

　"세상을 살아가면서 바르게 살고, 남을 도울 줄 알면 그게 천사란다. 하나님의 말씀을 지키고 남을 먼저 생각할 줄 아는 따뜻한 마음씨를 지닌 사람 모두가 하나님의 뜻으로 이 세상에 태어난 천사들이란다. 우린 누구에게나 숨겨진 날개가 있어. 우리에게 주어진 일을 성실하게 이행하고 남을 생각하는 마음을 가지고만 있다면 모두가 천사인 거란다."

　유태인들의 철저한 현실 위주의 교육은 그들의 자녀가 시간에 대해서도 합리적이도록 가르칩니다. 유태인들은 영생이나 윤회 사상을 믿지 않으므로 매일, 매 순간에 최선을 다하며 주어진 현재의 인생을 효율적으로 살고자 노력합니다.

　그리고 유대교에서는 우상을 거부하므로 신을 인간처럼 그린 그림이나 조각이 없습니다. 그러므로 그들은 늘 추상적인 어떤 존재로서 신을 생각하는 훈련을 하는 셈이며, 이것은 그들의 추상 능력을 발달시키는 요소로 작용하게 됩니다.

　그래서 유태인 아이들은 유치원 시기까지 셈을 배우지 않아도 초등학교에 들어간 후 수학을 잘합니다. 또 과학이나 금융에 밝아 유태인 중에는 세계적인 과학자나 사업가 등이 많습니다. 그렇기 때문에 많은 나라 사람들이 유태인들을 합리적인 민족이라고 생각하는지도 모릅니다.

　유태인들은 아닌 것을 있다고 하거나, 없는 것을 있다고 하는 거짓말과는 달리 추상적인 관념을 설명할 때에는 반드시 최대한의 명료화를 통해 설명을 해 주려고 노력합니다. 부모가 마음대로 상상의 나래를 펴서 아름답고 장황하게 설명하는 것을 절대로 삼가는 것입니다.

오늘날 미국 상권의 80퍼센트를 유태인들이 차지하고 있으며, 상업 · 경제 · 과학 등 현실적이고 합리적인 분야에 종사하는 직업인이 많은 것도 이와 같은 자녀 교육과 연관이 깊습니다.

아이가 실수해도 자신감은 잃지 않게 하라

자녀가 실수로 잘못을 저지르면 많은 부모들이 다음과 같은 반응을 보이기 쉽습니다.

"이 녀석아, 너 때문에 엄마가 늙는다 늙어."

"아빠가 뭐라고 그랬어? 하지 말라고 그랬지? 한번 혼나 볼래?"

"넌 대체 누굴 닮아 매일 말썽이니? 너 때문에 엄마가 못 살겠다."

특히 우리나라의 부모들이 가장 민감하게 반응하는 공부와 관련되면 부모의 반응은 더욱 심해집니다. 아이가 그다지 좋지 않은 성적을 받아 왔을 때 적지 않은 부모들이 화부터 냅니다.

"매일 밖에 나가 놀기만 하더니 결과가 이거니?"

"가서 회초리 가져와. 틀린 문제 수만큼 맞아야 정신 차리지."

"동네 사람들 보기 창피해서 엄마가 얼굴을 못 들고 다니겠다."

이런 말을 듣게 되면 아이들은 매사에 자신감을 상실하게 됩니다. 그리고 계속 실수를 저지르거나 좋지 못한 실패를 겪을까 봐 늘 전전긍긍하며 심리적으로 불안감을 갖게 됩니다. 아이들은 점차 소극성을 보일 뿐만 아니라, 비관적인 사람으로 성장하게 됩니다.

자녀가 저지른 실수나 실패에 대해 부모들이 무심코 던지는 가혹한 말 때문에 자녀들의 가슴엔 좀처럼 지울 수 없는 아픈 기억들이 쌓이는 경우가 많습니다.

유태인들은 상당히 낙천적인 성향을 지닌 민족입니다. 그들은 어떠한 어려움에 처하더라도 쉽사리 비관적인 생각에 빠져들거나 절망하는 일이 없습니다.

"엄마, 오늘 다른 반 애들하고 축구 시합을 했는데 내가 실수로 자책골을 넣어서 우리 반이 지고 말았어요. 이제 창피해서 어떻게 친구들을 보죠?"

"네가 일부러 그런 게 아니잖아? 너도 열심히 하느라고 한 건데 뭐.

그리고 다른 친구들이 너의 실수를 너보다 오래 기억하고 있지는 않을 거란다. 우선 네가 빨리 잊어버리는 게 중요하단다."

"정말 친구들이 그 일을 잊고 아무렇지 않게 나를 대해 줄까요?"

"그럼! 그리고 열심히 운동해서 다음 번 시합에 잘 하면 되는 거야."

"다음 번 시합에 친구들이 날 끼워 줄까요?"

"그걸 왜 벌써부터 걱정하니? 그건 그때 가서 걱정해도 되지 않을까? 어둠이 지나면 빛이 찾아들 듯, 시간이 가고 때가 되면 어려움은 다 해결된단다."

유태인들은 극복하기 힘든 고난이 닥치면 스스로에게 자기 자신을 강하게 만들 수 있는 암시를 합니다.

'밤이 지나면 낮이 오듯 시간이 지나면 반드시 밝은 날이 올 거야. 어떠한 재난도 자연의 순리를 꺾을 수 없듯 절망이 끝나면 희망이 온다는 진리는 바뀌지 않는 거야.'

'단 한 번에 바다를 만들 수는 없는 거지. 지금 당장 부족하다고 해서 내가 큰 사람이 되지 못 하리라는 법은 없는 거야. 꾸준히 노력하면 나중에는 틀림없이 일인자가 돼 있을 거야.'

이런 유태인들의 사고 방식은 아이들의 교육에도 그대로 적용되어 지대한 영향을 주게 됩니다. 위의 말들은 유태인들이 어려움에 처해 있을 때 스스로에게 끝없이 각인시키는 말인 동시에, 유태인들이 자녀에게 가장 자주 하는 말이기도 하기 때문입니다.

박해와 유랑의 역사를 오랜 세월 겪었던 유태인들은 다시는 과거와 같은 아픈 역사를 되풀이하지 않기 위해서라도 아이들을 강인하게 키워야 한다고 생각합니다.

예를 들어 유태인 부모들은 어린 자녀에게 일부러 감당하기 어려운 심부름을 찾아서 시킵니다. 그리고는 그 심부름을 해내는 것을 그저 묵묵히 지켜보기만 합니다.

또는 유치원과 학교에서 가는 여행이나 캠프를 적극 참여하게도 하고, 멀리 떨어져 사는 친척집을 아이 혼자 방문하게도 합니다. 5~6세가 되면서부터 독립심을 길러주기 위해 버스 한두 정류장 거리의 친구 집을 혼자 찾아가도록 하기도 합니다. 그럼으로써 아이가 새로운 모험과 도전을 두려워하지 않도록 교육시킵니다.

이와 같은 방식으로 이루어지는 유태인들의 자녀 교육은 때때로 사혹하다는 생각마저 들게 할 때가 있습니다. 그러나 유태인 부모들은 어릴 때부터 자녀들을 힘들고 고달픈 상황에 처하게 만듦으로써 선조들이 겪은 고난의 역사와 그것을 극복해 온 지혜를 배울 수 있는 기회를 줄 수 있다고 믿습니다. 그리고 그렇게 하는 것이 진정으로 아이를 위하고 강하게 키우는 길이라고 생각합니다.

결국 유태인들이 말하는 "시간이 되면 모든 것이 해결된다."는 의미는 그저 될 대로 되라는 식의 생각이나 운명론이 아닌 셈입니다. 그 말 속에는 언제나 준비하고 노력하면서 때를 기다려야 한다는 의미가 숨어 있기 때문입니다.

유태인 부모의 대화 원칙 ②
비판하기 전에 아이의 말에 공감하라

　사람들과 친해지기 위해서는 먼저 상대방의 감정과 생각을 인정하고 이해해주어야 합니다. 자신의 감정과 생각을 받아들여주는 사람이라면 누구라도 쉽게 호감을 갖게 마련입니다. 이것은 부모와 자녀와의 관계에 있어서도 마찬가지입니다. 부부 사이도 많은 노력과 이해가 있어야 서로에 대한 사랑을 돈독히 해나갈 수 있는 것입니다.

　그렇다면 어린 자녀가 먼저 부모에게 다가오기를 바라기 보다는 어른인 부모가 먼저 자녀의 마음을 헤아려주어야 할 것입니다. 부모가 자녀와 가까워지기 위해서는 무엇보다도 먼저 자녀가 요즘 무엇에 관심이 있으며 무슨 생각을 하고 있는지를 알아야 합니다. 이러한 기본적인 이해조차 이루어지지 않은 상태에서 부모가 자녀에게 충고를 한다면 자녀 입장에서는 자기와는 관계없는 이야기, 잔소리라고만 생각할 수 있습니다.

　그러나 자녀의 감정과 생각을 이해하는 일은 하루아침에 되는 것이 아닙니다. 평소에 대화하는 시간을 자주 가짐으로써 자녀의 일상사를 어느 정도 이해하고 있어야 합니다. 자녀가 좋아하는 것, 갖고 싶은 것, 하고 싶은 일, 좋아하는 친구들, 하기 싫어하는 것 등을 기본적인 정보로 알고 있어야 고민이 있을 때 함께 걱정하고 도와줄 수 있는 조력자가 될 수 있습니다.

　가장 어려운 것은 역시 자녀와 이견이나 갈등이 생겼을 때입니다. 부모 입장에서는 자녀의 생각이나 감정이 옳지 않거나 지나치다 싶을지라도 자신의 어린 시절을 생각하며 '그럴 수도 있겠구나.' 하는 심정으로 대해야 합니다.

부모가 보기에 사소한 일인데 자녀가 지나치게 화를 내는 경우 대개 부모들은 "못된 성격을 고쳐야 한다."며 크게 야단을 치곤 합니다. 그러나 자녀가 기분이 좋지 않거나 불평할 때는 자녀의 감정을 일단 인정하고 공감하면서 자녀 스스로 감정을 가라앉힐 때까지 기다려주어야 합니다.

이때 자녀가 선생님, 이웃, 친구, 형제 등 타인들에 대해 불평한다면 어느 한쪽을 편들지 않도록 주의해야 합니다. 자녀를 이해한다는 것은 자녀의 감정에 공감한다는 의미이지, 결코 자녀의 잘못된 행동까지 수용한다는 것은 아니기 때문입니다.

자녀가 자신의 생각이나 감정을 다 말하고 나면 부모가 의견을 밝힐 차례가 됩니다. 자녀의 생각이나 행동에 대해 부모로서 느끼는 생각이나 감정을 효과적으로 전달할 수 있어야 합니다. 이때 부모는 자신의 가치관에 맞춰 자녀를 설득하려 할 것이 아니라 자녀 스스로 자신을 발견해나갈 수 있게 해주는 거울이 되어야 합니다. 자녀의 생각이나 행동에 대하여 부모가 느끼는 것들을 이성적으로 전달하여 자녀 스스로 자신의 모습을 확인할 수 있는 기회를 제공하는 것만으로도 충분합니다.

생각을 이성적으로 전달하기란 결코 쉬운 일이 아닙니다. 더구나 자녀에 대해서 부모는 욕심 때문에 이성을 잃는 일이 허다합니다. 그러므로 부모가 자신의 감정과 생각을 전달하려면 자녀의 성격보다는 행동에 대하여 말해주고, 판단하기 보다는 정보를 제공하며, 충고보다는 대안이나 자유로운 제안을 해야 합니다.

이를테면 공공장소에서 질서를 무시하고 버릇없이 구는 아이에게 "너는 왜 그렇게 버릇이 없니?" "집에 가서 혼날 줄 알아."라고 비난하고 겁을 주기보다는 "네가 그런 행동을 하면 다른 사람들이 어떻게 생각할까?" "너라면 어떤 기분이 들겠니?"라고 말함으로써 자녀에게 생각할 여유를 주고 스스로 행동을 개선해나가도록 이끌어 줍니다. 이렇게 하면 자녀는 거부감 없이 자신의 행동을 수정하게 되고 이후 실천하는 데 있어서도 성취도가 높아지게 됩니다.

　자녀의 이야기가 끝났다고 해서 일방적으로 부모만 말하지 말고 대화하는 사이사이 자녀의 생각을 물어 대화에 반영해 나가야 합니다. 아울러 따뜻한 시선으로 자녀의 눈을 응시하거나 등을 쓰다듬어주고 손을 잡아주는 등의 행위로 공감하고 있다는 표현을 곁들인다면 자녀는 정서적으로 부모와 한결 친밀감을 느낄 수 있을 것입니다.

　대화의 목적은 부모 입장이나 해결책을 일방적으로 제시하는 것이 아닙니다. 자녀와의 문제는 대화로 풀 수 있다는 신념을 갖고 서로의 생각을 나누는 과정을 반복하다 보면 어느새 좋은 대안을 찾게 될 것입니다.

제3장

아이의
개성을 살려주는
유태인
부모의 대화법

자녀를 리더로 키우는 유태인의 대화 교육

"영희 엄마는 아이를 무슨 학원에 보내실 건가요?"

"그야 뭐 당연히 영어 학원하고 수학 학원은 필수 아니겠어요? 요즘 아이들 중에 영어하고 수학 못하는 아이들이 어디 있나요? 그러는 송희 엄마는요?"

"글쎄요. 제가 대학에서 발레를 전공했지만 재능을 펴지는 못했거든요. 그래서 피아노하고 발레를 가르치고 싶어요. 여자아이한테는 그게 제일이잖아요."

"그나저나 우리 영민이는 의대를 갔으면 좋겠는데, 애가 공부에 통 흥미를 못 느끼니, 걱정이 이만저만 아니에요."

"아이고, 그래도 영민이는 반에서 10등 안에는 들잖아요. 우리 민호는 중간도 못 가는 녀석이 글쎄 무슨 바람이 들었는지 귀걸이를 해달라지 않나, 머리를 노랗게 물들이겠다고 하질 않나……. 정말 속상해요.”

　우리나라 어머니들이 모여 앉으면 가장 많이 나누게 되는 대화 중의 한 가지가 자녀의 교육 문제입니다. 그런데 그런 이야기를 듣다 보면 학원을 다니고 싶어하고, 어느 대학의 무슨 과를 가고 싶어하는 사람이 자녀들인지, 어머니 자신들인지 도대체 구분이 되질 않습니다.

　더구나 이제 초등학교를 다니고 있는 아이들을 두고 벌써부터 대학의 과는 물론이고 어른이 되었을 때의 직업까지 결정을 해버리기까지 합니다.

　우리 주변에서, 무엇이 되든 내 아이가 원하는 것이 되기를 바란다고 말하는 부모는 보기 드뭅니다. 사회적인 높은 덕망과 위신을 지닐 수 있는 직업이 거의 모든 부모가 아이에게 바라는 미래상이기도 합니다. 우리의 부모님들은 정작 아이가 하고 싶어하는 것들에 대해서 고민하는 일이 적습니다. 또한 정작 아이가 무엇을 하고 싶어하는지를 안다고 하더라도 부모의 판단으로 그것이 가치 있지 못하다면 부모는 아이에게 그것을 형편없는 일, 혹은 가치 없는 일로 치부하고 다른 것을 찾도록 합니다.

　만일 유태인 부모들이 우리 어머니들의 앞의 말들을 들었다면 의아하게 생각했을지도 모릅니다.

유태인 부모들은 아이 스스로가 자신의 기호와 진로, 그리고 개성을 찾으려 하는 것을 아주 대견하고 자랑스럽게 생각합니다. 따라서 그들은 아이가 어릴 때부터 세심하게 관찰하면서 자기 아이가 다른 아이들과 어디가 어떻게 다른지를 찾아내어 그것을 북돋워 주는 데 많은 관심을 기울입니다.

주변에서 힙합 스타일의 옷을 입고 귀에 귀걸이를 하고 길가에서 춤을 추며 걷는 아이들을 보았을 때, 우리나라의 어른들은 그 아이의 모습을 보고 인상을 찌푸릴 테지만, 유태인들은 그 아이가 남과 같지 않은 행동을 한다고 해서 인상을 찌푸리는 법이 없습니다. 오히려 그들 사이에는 다음과 같은 대화가 오갈 것입니다.

"왜 그렇게 요란한 복장을 하고 다니니?"
"멋있게 보이고 싶어서요. 다른 친구들하고 똑같이 평범한 옷을 입긴 싫거든요. 이게 바로 내 개성을 나타내는 거예요."
"그래, 네 말마따나 정말 개성적으로 보이는구나."

이런 식으로 아이가 머리를 울긋불긋하게 염색을 한다거나, 희한한 머리 모양과 눈에 띄는 차림새를 하고 돌아다닌다고 해도 유태인 교사나 부모들은 야단을 치지 않습니다. 어른들과 마찬가지로 아이들도 남들과 다르게 보이고 싶고, 그래서 다른 사람들의 주목을 받고 싶은 욕구는 똑같이 가지고 있다고 보기 때문입니다. 그만큼 아이들의 개성과 인격을 인정해 주고 있는 것입니다.

유태인들은 자녀의 개성과 소질을 찾아 개발해 주는 것을 가장 중요하게 생각합니다. 그렇게 함으로써 아이들 스스로 자신의 삶을 가꾸고 발전시켜 나갈 수 있도록 돕는 것이 부모의, 그리고 어른들의 가장 큰 사명이라고 믿습니다.

이는 유태인 부모들이 자신의 자녀들을 '나의 아이' 라고 생각하기보다 하나님으로부터, 그리고 사회로부터 잘 교육해서 길러달라고 부탁을 받은 존재로 여기는 전통적 가치관에서 기인한다고 할 수 있습니다.

그렇기 때문에 유태인 부모들은 자녀를 저마다의 개성과 능력을 갖춘 사회인으로 성장시켜 하나님에게, 그리고 사회에 필요한 일꾼으로 되돌려주는 것이 자신들의 사명이라고 믿습니다. 따라서 유태인들은 자신들의 가치관을 아이에게 강요할 권리는 없다고 보는 것입니다.

그렇다고 해서 유태인들이 아이들의 단정하지 못한 모양새나 행동까지 무분별하게 허락하는 것은 절대로 아닙니다. 그들은 거리에 휴지를 버린다거나, 신발을 구겨 신고 다닌다거나, 길에 침이나 껌을 뱉는다든지, 어른들에게 버릇없는 행동을 하는 아이들에 대해서는 단호하고 엄하게 다루는 편입니다.

유태인들은 같은 동네의 어느 집 아이가 어떤 학원에 다니고 있다고 해서 자신의 자녀를 경쟁적으로 비슷한 공부를 하게끔 하는 경우가 없습니다. 그러나 아이에게 재능이 있고, 아울러 배우고 싶어하는 의지가 있다고 판단이 설 때에 한해서는 그것이 무엇이고 어떤 비용과 어려움이 있더라도 모든 노력을 기울여 가르칩니다.

아이가 운동에 소질이 있다면, "너는 야구에 소질이 있으니 야구 선수가 되면 좋겠구나. 그리고 엄마는 다른 사람들과 달리 야구를 잘하는 네가 좋구나."하고 말하지 "운동은 힘이 들고 공부할 시간도 부족하니 좋은 대학에 들어가려면 공부를 해라."라고 하지는 않습니다.

유태인들은 혼자 독불장군처럼 최고가 되기 보다는 서로 개성과 능력이 다른 사람들이 모여 각자의 소질과 개성을 발휘하면서 사는 것을 중시합니다. 이것은 모든 사람이 각자 가지고 있는 능력과 독특한 기질을 서로 조화시켜 가면서 살다 보면 서로가 서로를 인정하고 소중하게 여기는 마음을 가질 수 있다는 생각을 밑바탕에 깔고 있습니다.

이는 저마다 다른 능력과 개성을 가지고 살아가게 되면 서로가 서로를 도우며 살 수 있다고 생각하는 까닭입니다.

- "일요일에 놀이동산에 갈까, 수영장에 갈까?"

- "저녁 반찬을 무엇을 할까? 시금치가 좋아? 콩나물이 좋아?"

- "내일은 누나 생일인데, 생일 선물은 무엇을 할까?"

- "네가 고른 그 옷을 입으면 정말 멋지겠다. 훌륭한 선택이야!"

- "정말 우리 철수는 달라."

- "참 잘 했어. 계속 그렇게 하는 거야."

- "너는 할 수 있어."

- "네가 달리기를 잘 하는 것을 보니, 넌 분명 훌륭한 운동 선수가 될 거야."

- "형은 영어를 잘 하고, 동생은 국어를 잘 하니 엄마는 정말 행복하구나."

자녀를 꾸짖을 때는 먼저 이유를 묻자

"진호야, 밥을 푹푹 퍼서 먹어야지, 그렇게 먹으면 어떡하니."

"내 맘이야."

"이 녀석 너 엄마한테 쓰는 말버릇이 왜 그 모양이야! 어서 밥 먹지 못해!"

"내 맘이지 뭐."

"아니 이 녀석이 그래도? 공손하게 말하지 못해!"

유치원에 막 다니기 시작한 6살짜리 진호가 유치원 친구들로부터 "내 맘이야."라는 말을 처음 듣고서는 엄마에게 악의 없이 쓴 말이, 옆에서 듣고 있던 아버지에게는 버릇없는 말로 비춰졌던 것입니다.

진호는 "내 맘이야."라는 말이 정확히 무슨 뜻인지 알지 못했지만 친구들을 따라 무심코 써본 것뿐이었으나, 아버지는 말버릇이 나쁘다고 진호를 꾸짖고 말았습니다.

만일 위의 우리나라 가정에서처럼 똑같은 문제가 유태인 가정에서 일어난다면 그들은 이렇게 말했을 것입니다.

"네가 그런 말을 하면 엄마 아빠는 마음이 아프고 기분이 상한단다. 왜 그런 말을 한 거니? 말해 보렴."

그래서 아이 입을 통해 잘못을 저지른 이유가 어디에 있는지를 먼저 알아냅니다. 그리고 그 이유가 '몰라서' 라거나 다른 사람의 흉내를 낸 것이라면 야단을 치기보다 그런 말이 부모에게 얼마나 좋지 않은 영향을 주는지, 왜 나쁜 말인지를 가르쳐주고 용서합니다.

그러나 아이가 잘못된 말과 행동인지 알면서도 그런 잘못을 저지른 것이라면 엄하게 꾸짖거나 벌을 줍니다.

아이들이 말썽을 피울 때 부모들은 참고 있다가 최후의 순간에 감정 폭발을 하기도 하고 회초리를 들기도 합니다. 그러나 한번쯤 "왜 그랬니? 이유를 말해 보렴." 하고 물어볼 필요가 있습니다.

자녀가 어떤 말과 행동을 하는 데에는 그 나름대로 이유가 있습니다. 또는 그 행동이 잘못된 것인지 모르기 때문에 할 수도 있습니다. 그러므로 어른의 시각으로 자녀를 꾸짖는 것은 바람직하지 못합니다.

　부모들이 잘못을 저지른 아이들에게 "그만둬라." "해서는 안 된다." "너 자꾸 그러면 나쁜 아이야." "한 번만 더 그러면 회초리로 맞을 줄 알아." 등의 말로 설교하고 비난하는 것으로도 모자라 위협의 말까지 하는 것은 긍정적인 교육의 효과를 기대하기 어렵게 만듭니다.

　부모의 지나친 설교나 비난, 위협은 아이에게 자신이 하지 않아야 할 일을 심어 주기보다는 오히려 반발심만 키워주는 결과를 초래합니다.

　아이를 꾸짖는 것은 아이가 하고 있는 행동을 스스로 바꾸도록 영향을 주는 데에 목적이 있습니다. 그러려면 아이의 행동이 부모에게 무엇을 느끼게 하고, 그것이 부모의 생활에 어떠한 결과를 가져오는가를 전하는 것이 좋습니다. 아주 '구체적인 영향'에 대해 분명히 말해 주면 자기의 행동을 바꿀 마음이 강하게 일어납니다.

　그러면 아이는 반발이 줄고, 아이가 자발적으로 행동할 수 있는 기회를 갖게 됩니다. 이유를 밝히지 않으면 아이는 마음이 상하거나 거부당한 것으로 느끼게 됩니다.

　부모로서 자식이 올바르게 행동하도록 구체적이고 긍정적인 말로 분명하게 말해주는 것이 이상적입니다.

　아이가 장난감을 어질러 놓았을 때도 "이렇게 어질러 놓으면 어떻게 해! 한번 혼나 볼래?"보다는 "네가 장난감을 이렇게 어질러 놓으면 엄마나 아빠가 다칠 수 있잖아. 그러니 지금 치우렴." "엄마가 치우라고 하는

데도 왜 치우지 않는 거니? 이유를 말해 보렴." 하고 말하는 것이 바람
직합니다.

자녀를 야단치기 전에는 반드시 어째서 아이가 그렇게 했는지에 대
해서 아이의 이야기를 들어보고, 그것이 잘못인지 아닌지를 판단한 후,
잘못이라고 판단된다면 분명하고 명확하게 자녀에게 무엇을 잘못했기
때문에 야단을 치는지를 알게 해야 합니다. 그리고 꾸짖고 난 후에는 아
이에게 잘못한 행동때문에 야단을 친 것이지 미워하기 때문이 아니라는
것을 알려주어야 합니다.

이러한 설명은 구체적일수록 자녀에게 변화의 의지를 강하게 심어
줍니다.

- "왜 그렇게 했는지 이유를 말해 보렴."
- "우리 철이는 착한 아이니까 앞으로 미운 행동은 하지 않을 거야."
- "방을 이렇게 더럽혀서는 안 돼. 왜냐하면 집이 깨끗하지 않잖아? 그리고
  엄마가 치우려면 정말 많이 힘들단다."

"물건을 잃어버리지 말라고 몇 번을 이야기해야 하니? 어제는 학교에 도시락을 두고 오더니 오늘은 또 안경을 잃어버리고 오고. 지난 번엔 숙제를 깜빡 잊어서 못 해가지를 않나, 도대체 까마귀 고기라도 삶아 먹은 거야?"

"그래요, 나는 머리가 나빠서 만날 잃어버리기만 하는 아이예요."

아이가 잘못된 행동을 저지를 때마다 그것을 일일이 지적해주는 부모들이 있습니다. 그러나 아이가 부모의 지적을 이해하고 반성을 하게 됨으로써 보다 나은 방향으로 변화될 것이라는 생각은 부모들의 일방적인 희망 사항일 뿐입니다.

부모들은 아이들에게 지나치게 '개인적인 비평'을 가하곤 합니다. 그러나 이러한 비평은 아이들의 잘못된 행동을 바로잡아 주기는커녕 오히려 그러한 행동을 강화시키는 결과를 가져옵니다.

앞의 대화의 예에서처럼 아이들은 자신을 부모가 지적하고 비평하는 것과 같은 사람으로 인정을 해버림으로써 자신의 잘못된 부분을 절대로 고쳐 나갈 수 없다는 생각을 하게 되기 때문입니다.

뿐만 아니라 비평과 지적을 하는 부모에게 아이들은 방어적인 자세를 취하면서 마음의 문을 닫게 됩니다. 그리고 최악의 경우 적대감과 반항심을 키우게 됩니다.

"엄마, 성적표 받아 왔어요."

"그래? 이번엔 몇 개 틀렸니?"

"두 개요."

"너 저번에도 두 개 틀렸잖아. 왜 또 두 개나 틀린 거니? 노무지 성적이 나아지질 않는 이유가 뭐야?"

"그래도 우리 반에서 두 개밖에 안 틀린 사람은 세 명밖에 없는 걸요."

"시끄러워. 남들이 몇 개 틀린 게 뭐가 중요해? 네가 더 노력을 했으면 지난번보다 잘 했을 거 아니야?"

“선생님은 잘했다고 칭찬해 주셨는데, 엄마는 괜히 그래!”

“좋은 일도 입방정을 떨면 망치게 된다.”라든가 “자식 자랑하는 부모는 팔불출.”이라는 말이 있어서였을까요? 우리나라 사람들은 예로부터 다른 사람을 칭찬하는 데에 어지간히 인색한 모습을 보여 왔습니다. 특히 가족, 그 가운데에서도 배우자나 자녀에 대해서는 그 정도가 더 했습니다.

우리네 부모들은 자녀의 자랑스런 행동에 대해 흐뭇하고 미더운 마음을 그저 침묵과 무표정, 혹은 엷은 미소 정도로 대수롭지 않게 지나치곤 합니다. 이심전심이라는 말을 너무 믿어서일까요?

앞의 대화는 아이가 잘못을 저지르기보다는 칭찬을 받아야 하는 상황임에도 부모로부터 핀잔 내지는 꾸중을 듣는 경우의 예입니다. 물론 앞의 어머니는 아이가 자만하거나, 좀더 잘 할 수 있는데 그 정도에서 노력을 게을리 하게 될까 봐 의도적으로 건설적인 비평을 했을지 모릅니다.

그러나 과연 위의 아이가 부모의 의도처럼 자만하지 않고 더 많은 노력을 기울여 다음 번 시험에서는 더 나은 성적을 받을 수 있을까요?

그렇다면 유태인 부모들은 어떨까요?

“엄마, 큰일 났어요.”

“무슨 일인데 그러니?”

“엄마가 몹시 화낼 것 같아 말하기가 무서워요.”

“얘야, 어떤 문제가 생겼을 때 해결할 수 있는 방법은 네가 사실을 말하는 것에서 시작된단다.”

“이 문제는 말을 해도 해결되기가 힘들어요.”

“문제는 네가 말을 하지 않는 데 있는 것 같구나.”

“사실은……제가 어제 엄마가 사온 접시를 깨뜨리고 말았어요.”

“그러니? 그 접시는 엄마가 정말 아끼는 접시였는데. 그렇지만 할 수 없지, 다른 접시로 대신 사용해야겠구나.”

“엄마, 화나지 않아요?”

“물론 엄만 화가 난단다. 하지만 이미 깨진 접시를 어떻게 하겠니? 중요한 건 네가 잘못을 솔직하게 엄마에게 말해 준 것이란다. 잘못을 말할 수 있는 용기를 가진 네가 정말 자랑스럽구나. 다음부터는 조심하도록 하렴.”

“다음부터는 이런 일이 없게 조심할게요.”

부모로부터 꾸중이나 비평을 듣고 자란 아이들은 매사에 자신감을 잃고 비관적인 생각에 사로잡히게 됩니다. 그것은 그만큼 자아 존중감을 잃었기 때문입니다.

그러나 더 큰 문제가 있습니다. 자아 존중감을 잃은 아이들은 자기 자신을 사랑하는 법을 배우지 못한다는 것입니다. 자신을 사랑할 줄 모르는 아이들은 성장하면서 점차 다른 사람을 사랑할 줄 모르게 됩니다.

앞의 대화를 보면, 아이가 잘못을 저질렀음에도 그 어머니는 놀라거나 흥분하지 않고 중요한 사실을 놓치지 않았습니다. 바로 아이가 자신의 잘못을 시인하고 솔직하게 용서를 구하고 있다는 점입니다.

그렇기 때문에 아이의 잘못된 행동을 야단치기보다는 아이의 솔직한 선택과 용기를 오히려 부각시킴으로써 아이를 칭찬할 수 있는 반전의 기회를 만들 수 있었습니다. 그리고 칭찬이 필요할 때 망설임 없이 "엄마는 네가 정말 자랑스럽구나."라는 말로 아이를 북돋워 주고 있습니다.

유태인 부모들은 이렇듯 아이의 실수에서도 아이가 무언가를 배울 수 있는 기회를 만들 수 있다고 믿습니다. 아울러 아이가 칭찬들을 만한 일을 했을 때는 아낌없는 칭찬의 말과 함께 아이를 품에 꼭 안아줍니다.

자녀들은 부모들이 자신을 자랑스럽게 여긴다고 느낄 때 가장 행복해 합니다. 그리고 그와 같은 부모의 기대에 부응함으로써 부모로부터 계속적인 인정을 받기 위해 더욱 많은 노력을 기울입니다.

부모의 칭찬과 "네가 정말 자랑스럽구나."라는 말은 자녀들에게 용기와 자신감을 줍니다. 이는 다시 자녀에게 자신에 대해 사랑하는 마음과 나아가 남을 사랑하는 마음을 갖게 합니다.

지금이라도 곁에 있는 자녀에게 "네가 정말 자랑스럽구나."라는 말을 아낌없이 들려주십시오.

- "엄마는 네가 훌륭한 사람이 될 거라고 믿어."
- "네가 정말 자랑스러워."
- "엄마는 너를 사랑한단다."
- "이번 피아노 발표회 때 네가 연주를 제일 잘하더구나."
- "동네 아이들 중에서 네가 제일 공을 잘 차더구나."

남을 배려하는 아이로 키워라

"그러기에 엄마가 빨리 가서 앉으라고 했지? 왜 엄마 말을 안 듣는 거야? 그렇게 행동이 느려 터져서야 어떻게 살아갈래? 엄마가 너 때문에 속상해 죽겠다."

언젠가 지하철을 타고 가는데, 한 어머니가 초등학교를 갓 들어갔음직한 아이를 야단치기 시작했습니다.

지하철 안에는 비교적 많은 사람들이 타고 있었는데도 그 아주머니는 다른 사람의 시선은 전혀 신경도 쓰지 않는 채 큰 소리로 아이를 나무라고 있었습니다.

그런데 그 앞좌석에 앉아 있던, 중년의 신사 한 분이 왠지 난처해 하는 표정이 역력했습니다.

전후 사정은 금세 알 수가 있었습니다. 아이를 데리고 지하철을 탄 아주머니는 빈자리가 생기자 자신이 먼저 앉았고, 몇 정거장을 더 가서 맞은 편 좌석에 자리가 생기자 아이에게 빨리 가서 앉으라고 했던 모양입니다.

그런데 아이가 엄마와 떨어지는 것이 싫어 미적거리는 동안, 그 자리는 나이 지긋한 신사분의 차지가 되었습니다. 아주머니는 아이가 자리를 차지하지 못하자 무척 속이 상했던 것입니다.

원래 우리나라 사람들은 이웃을 가까운 친척처럼 생각하고 기쁨과 슬픔을 함께 나눌 줄 아는 민족이었습니다. 그리고 나보다 어려운 사람들을 그냥 보아 넘기지 못하는 착한 심성을 지니고 있었습니다.

하지만 산업화·근대화와 더불어 어느 순간부터 우리들은 이웃에게 무관심해지기 시작했습니다. 그리고 서로가 서로를 경쟁의 상대로 여기면서 조금이라도 남보다 앞서야 잘 사는 것이라는 잘못된 가치관이 팽배해지고 있습니다.

어쩌면 이러한 세태는 앞서 보았듯이 우리나라의 많은 부모들이 자녀들에게 자신을 사랑하지 못하고 동시에 남을 사랑할 줄 모르는 아이들로 키우게 되는 교육과 무관하지 않을 수도 있습니다.

선행이나 자선에 대한 가치관은 대개 어렸을 때 형성됩니다. 즉 남과의 경쟁에서 이기기만을 바라는 부모들이, 보다 나은 사회를 위해 다른 사람들과 조화를 이루고 원만하게 공동체 생활을 해나갈 수 있는 지혜를 제대로 교육시키지 못한다면 다른 사람을 위한 참다운 선행이 무엇인지를 알 수가 없습니다.

〈탈무드〉에는 자선에 대하여 다음과 같은 기록들이 전해집니다.

- 자선을 행하지 않는 인간은 아무리 부자일지라도 맛있는 요리가 즐비한 식탁에 소금이 없는 것과 마찬가지이다.

- 한 개의 촛불로써 많은 촛불에 불을 붙여도 처음의 빛은 약해지지 않는다.

- 하나님이 칭찬하시는 세 가지가 있다. 첫째는 가난한 사람이 물건을 주워서 그것을 주인에게 되돌려 주는 일이고, 둘째는 부자가 남몰래 자기 수입의 10퍼센트를 가난한 사람에게 주는 일이며, 셋째는 도시에 살고 있는 독신자로 죄를 저지르지 않는 사람이다.

- 자선을 베푸는 사람의 유형에는 네 가지가 있다.

  첫째는 자신이 자선을 베푸는 것은 좋아하지만 남이 같은 종류의 자선을 자신에게 베푸는 것은 싫어하는 사람으로, 이 유형은 질투가 많은 사람이다.

  둘째는 남이 자선을 베푸는 것은 원해도 자신은 베풀고 싶어하지 않는 사람으로, 자기를 낮추는 사람이다.

셋째는 자기도 기꺼이 자선을 행하고 남도 자선을 베풀 것을 바라는 사람인데, 이 유형은 착한 사람이다.

마지막으로 자기도 자선을 베풀기를 싫어하고 남이 자선을 행하는 것도 싫어하는 유형이 있는데, 완전한 악인의 유형이다.

이러한 〈탈무드〉의 교훈들은, 인간이 아무리 똑똑하고 유능하며 많은 것을 알아도 '자선'을 베풀 줄 모른다면 세상을 올바르게 살고 있다고 할 수 없다는 것을 가르쳐 줍니다.

유태인들은 버스 안에서 노약자에게 자리를 양보하는 것쯤은 자선이 아니라 당연한 행동이라고 생각을 합니다. 그리고 남에게 선물하기를 좋아하는 그들의 관습 역시 선심의 차원이 아니라 남에게 베푸는 것을 당연하게 생각하는 가치관에서 비롯됩니다.

자녀의 보다 나은 미래를 생각한다면, 지나치게 일방적인 교육을 시켜서 남보다 나은 대학이나 직장을 들어가게 하는 것보다는 어릴 때부터 공동체와 개인의 올바른 관계에 대해, 그리고 사회의 그늘진 곳에서 어려움에 처해 있는 이웃에게 눈을 돌리고 손을 내밀 줄 아는 마음에 대해 가르치는 게 어떨까요.

- "네가 배려받고 싶다면, 우선 남을 배려하는 마음을 갖어야 된다는 걸 명심하렴."
- "엄마는 네가 친구들을 위한 마음을 갖는 것이 자랑스럽구나."
- "친구들이 너에게 다가오기를 기다리지 말고 네가 먼저 손을 내밀어 보렴."

공부하기 좋아하는 아이로 키워라

우리나라의 많은 어린이들은 유감스럽게도 배움의 즐거움을 느끼지 못하고 있습니다. 대부분의 아이들은 공부를 '해야만 하는 것'으로 느낍니다.

"넌 왜 그렇게 밖에만 놀러 다니고 공부를 안 하니? 그러니까 공부를 못 하는 거 아니니?"

"공부하기 싫어! 친구들이랑 놀고 싶단 말예요."

"너 공부하는 거 싫어하면 이 다음에 대학에도 못 가고, 가난하게 살게 된다."

"좋은 대학 안 나와도 잘 사는 사람이 얼마나 많은데요"

“그래도 이 녀석이? 얼른 네 방으로 가서 공부하지 못해?”

안 그래도 열악한 교육 환경과 주입식 교육 때문에 비좁은 교실에서 천편일률적으로 이루어지는 공부에 흥미를 갖지 못하는 아이들이 많은데, 그런 아이들을 윽박질러서 무조건 공부하라고 강요만 한다면 아이들이 ‘의무 교육’이라는 말의 ‘의무’만을 생각하게 됩니다.

아이들에게 공부가 재미있기 위해서는 배운다는 행위 자체가 즐거움을 줄 수 있어야 합니다.

지혜를 지닌 현명한 인간보다 단편적 지식을 하나라도 더 집어넣어 무거운 머리를 지닌 인간을 선호하는 이러한 교육 환경과 부모들의 인식과 가치관이 먼저 달라져야 합니다. 그렇지 않고서는 자녀들이 배움을 즐겁고 유익한 것으로 여기도록 만들 수가 없습니다.

- 지혜가 떨어지는 사람은 매사에 뒤진다.
- 지혜로운 사람은 자는 모든 것을 갖춘 자이다.
- 구세주가 왔을 때 그는 병자들의 모든 병을 고쳐주었다. 그렇지만 어리석은 자를 지혜로운 자로 만들 수는 없었다.

위의 말들은 온갖 박해와 시련을 받으면서도 끈질기게 생존을 유지해 온 유태인들에게 배움과 지혜가 얼마나 소중했던가를 알게 해주는 그들의 격언들입니다. 오직 지혜로운 자만이 모진 유태인의 역사 속에서 살아남을 수 있었기 때문입니다.

학교를 처음 들어가면서부터 배움의 의미와 가치를 배우는 유태인 아이들은, 오랜 시련의 역사 속에서 살아남은 선조들의 지혜를 그들의 격언과 〈탈무드〉를 통해서 전해 들으면서 배워나가게 됩니다.

그리고 이러한 교육 환경과 가치관 속에서 자라는 유태인 아이들은 똑똑하다는 말을 들을 수 있는 단순한 지식보다는 현명하다는 말을 들을 수 있는 지혜를 배워나가게 됩니다.

이디시어의 '학자'를 뜻하는 히브리어의 '람단'이란 말은 '알고 있는 사람'이란 뜻이 아니라 '배우는 사람'이란 뜻이라고 합니다.

- "이렇게 빨리 이해하다니, 넌 무척 똑똑하구나!"
- "네가 이것을 알게 돼서 엄마는 기쁘단다."
- "지난 시험에는 60점이었는데 오늘은 70점이나 받았네? 잘 했다!"

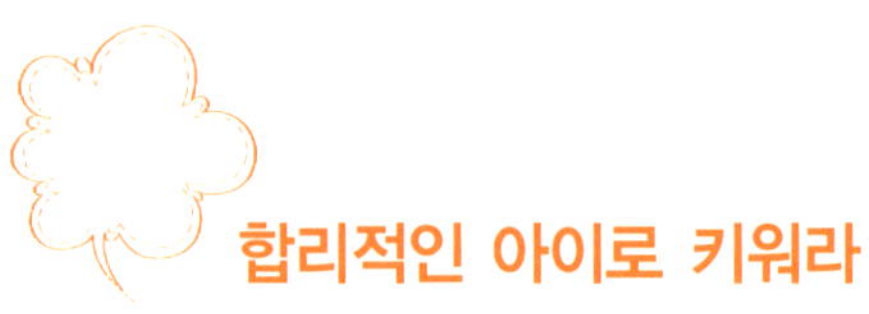

합리적인 아이로 키워라

어느 가정에서나 자라는 아이들은 곧잘 형제나 자매끼리 싸움을 벌이는 일이 많습니다. 그럴 때 대부분의 부모들은 꾸짖거나 엄한 벌을 내리는 편입니다.

"아빠가 전에 뭐라고 그랬지? 동생하고 싸우면 나쁜 사람이라고 했어, 안 했어?"

"그랬어요. 하지만 내가 숙제를 하는데 자꾸 동생이 방해하잖아요."

"너는 형이라는 녀석이, 너보다 어린 동생이 귀찮게 한다고 때리면 돼? 그리고 잘못했다고, 다음엔 안 그러겠다고 하면 될 텐데 아빠한테 말대꾸만 하고 있어?"

“몇 번이나 말로 했는데도 자꾸 방해하는데 어떻게 해요?”

“그래도 이 녀석이? 시끄러워! 가서 회초리 가지고 와!”

앞의 대화에서 볼 수 있듯이 부모들은 아이들의 잘못에 대해 미리 부모 나름의 판단을 내리고 그 기준으로 자녀의 잘못에 대해 벌을 줍니다.

그러나 자녀가 어떤 잘못을 저질렀을 경우에라도 우선은 아이들이 스스로 입장을 표명할 기회를 주어야 합니다. 무조건 부모의 기준에 의해 미리 결정을 내리고 누가 잘못했다는 식의 우격다짐으로 아이들의 잘못을 야단쳐서는 안 됩니다.

위와 같은 부모의 꾸중으로는 아이들이 진심으로 잘못을 뉘우치게 하기 어렵습니다. 합리적이고 논리적이기 보다 단순한 권위와 힘의 원리에 굴종하게 만드는 것이기 때문입니다.

부모의 권위와 힘에 굴종하며 자란 아이들은 그 부모와 마찬가지로 권위와 힘에 의존하는 성향을 보임으로써 합리성이 결여된 인격을 지니고 성장하기가 쉽습니다.

“수잔, 왜 울고 있지?”

“찰리가 때렸어요.”

“찰리, 왜 수잔을 때렸니?”

“내가 스케치북에 그림을 그리는데 수잔이 자꾸 옆에서 엉뚱한 색을 칠하잖아요.”

“수잔, 왜 그랬니?”

“찰리가 만날 자기 혼자만 스케치북에 그림을 그리면서 잘난 척 하니까 그렇죠.”

“웃기지마! 네가 항상 네 멋대로 다른 그림을 그리고 색도 엉망으로 칠했잖아!”

아이들의 싸움은 조금만 서로의 이야기를 들어보면 왜 싸우게 되었는지 앞뒤 사정을 대충 짐작하게 됩니다. 대부분 부모들은 이럴 경우에 자신의 기준으로 판단을 내리고 자녀들에게 어느 것은 옳고 어느 것은 그르다고 말하며 자녀들을 꾸짖고 마무리 짓습니다.

그러나 유태인 부모들은 절대 그런 결정을 쉽게 내리지 않습니다. 누구의 잘못이 더 컸는지를 결정하는 것은 아이들의 몫으로 돌립니다. 유태인 부모들은 자녀들이 싸우더라도 서로의 입장을 이야기할 수 있도록 중개하는 역할 이외에는 모든 것을 자녀들이 스스로 해결하고 타협점을 찾아낼 수 있도록 지도합니다.

그들은 서로의 다른 입장을 들어보고 가급적 일방적인 편을 들어주지 않는 중립적 태도를 유지하며, 부모의 권위로 윽박지르는 식의 판결은 내리지 않습니다.

유태인 부모는 아이들이 아무리 두서없는 말을 하더라도, 그들이 스스로 상황을 정리하여 자신의 입장을 말할 수 있을 때까지 기다립니다. 그들은 시간이 다소 걸리더라도 양쪽의 입장을 충분히 들어본 후에 서로의 다른 입장을 이해하며 대화를 통하여 문제를 해결할 수 있도록 인내와 끈기를 가지고 지켜봅니다. 더욱이 이야기를 듣는 도중에 말을 자르고, "네가 형이니까 참아야지." "동생이니까 형한테 미안하다고 해야 하는 거야." 라는 식의 말참견은 하지 않습니다.

그리고 마침내 아이들 각자가 서로의 주장과 변론을 다 했다고 판단이 되면 그 때부터 유태인 부모들은 아이들이 쉽게 이해할 수 있는 정도의 수준으로 또 다른 대화를 이끌어 나가기 시작합니다. 마치 재판정에 선 판사와도 같이 유태인 부모들은 냉정할 정도의 합리성으로 무장한 채 조목조목 논리적이고 이치에 맞는 설명을 하면서 아이들이 자신의 잘못을 인정하도록 만듭니다. 세계적으로 유명한 '솔로몬 왕의 재판' 이야기에 나오는 솔로몬처럼 말입니다. 그리고 마지막으로 분명하게 판결을 내려 줍니다.

"요셉, 네가 한나를 때린 것처럼 힘으로 문제를 해결하려는 것은 잘못된 일이란다. 그것은 부끄러운 행동이야."

이 또한 〈탈무드〉에 등장하는 교훈이며, 그 교훈을 통해 만들어진 유태인들의 전통입니다.

자신의 주장을 최대한 펼친 아이들은 부모의 합리적인 지적과 판결에 대해 대부분 수긍하게 됩니다. 이는 부모의 권위나 위엄에 대한 굴복이 아니라 부모의 논리적이고 합리적이면서도 공평한 판결에 대한 승복인 것입니다.

가정에서부터 부모의 이러한 합리적인 가르침과 교육을 받고 자란 유태인들은, 실제 사회 생활을 하면서 아무리 화가 나더라도 물리적인 힘이 동원되는 싸움을 벌여 약한 상대방을 완력으로 굴복시키는 식의 문제 해결을 시도하는 일은 없습니다.

- "그래 어디, 네 생각을 말해 보렴. 한번 들어보자꾸나."
- "자신보다 약한 사람에게 힘을 써서 문제를 해결하는 것은 부끄러운 짓이란다."

절약과 절제를 가르친다

"엄마, 나 저 로봇 사줘. 동네 아이들은 다 가지고 있단 말야."

"그래? 엄마가 내일 사줄게."

"아빠, 나 저 신발도 사줘."

"아빠가 퇴근하는 길에 사올게."

요즘은 각 가정마다 자녀를 한 명, 혹은 많아야 두 명을 낳아서 기르는 추세입니다. 그러다 보니 부모들은 많지 않은 자녀에게 애정을 듬뿍 쏟아 부으려고 합니다. 더욱이 맞벌이를 하는 부모들이 늘면서 아이와 함께 하는 시간이 적어지게 되면서 일부 부모들은 자녀에게 미안한 마음을 물질로 보상해주려는 경향이 있습니다.

그러나 아이에게 과한 용돈을 준다던가, 아이가 사달라고 조르는 대로 사주는 부모들의 행동은 자녀에게 바른 경제 의식을 심어주기가 어렵습니다.

유태인들은 돈 자체가 나쁠 것은 없다고 생각합니다. 쓰는 사람의 됨됨이에 따라 얼마든지 요긴하고 뜻 있게 쓸 수 있다고 믿기 때문입니다.

따라서 그들은 자녀들에게도 돈의 의미를 제대로 가르치는 동시에 돈을 죄악시하거나 부정한 것으로 잘못 생각하지 않도록 세심한 주의를 기울여 교육을 시킵니다.

예를 들어, 유태인들은 자녀에게 용돈을 줄 때 돈의 올바른 쓰임새와 가치 창출에 대해 먼저 철저하게 가르칩니다. 그리고 반드시 용돈의 지출 계획서를 쓰게 하여 올바르게 계획대로 지출을 하고 있는지를 점검하고 자주 의논을 해줍니다.

이러한 의논과 점검을 통해 유태인 부모들은 자녀의 생활이 어떻게 이루어지고 있으며, 무엇에 대해 아이가 관심을 기울이고 있는지를 파악할 수도 있습니다.

그렇다고 유태인 부모들이 무조건 아껴쓰는 것만을 강조하는 것은 아닙니다. 만일 자녀가 친구와의 교제를 위해 지출되던 용돈의 쓰임을 줄인 것으로 나타나면,

"친구를 위해 써야 할 돈을 줄이는 것은 좋지 않다. 그것은 결과적으

로 다른 친구들이 그만큼의 돈을 더 쓰게 된다는 의미이니 공평하지 못한 것 같구나." 라고 말하여 줍니다.

또한 유태인들은 자녀들이 어떤 물건을 사기 위해 용돈 이외의 돈을 필요로 할 때는 반드시 집 안팎의 청소를 하게 한다거나 정원을 가꾸게 하는 등 그 액수에 상응하는 일을 시킵니다. 자신이 원하는 것을 사기 위해 돈을 얻으려면 반드시 그에 준하는 가치를 만들어내야 한다는 노동의 원리를 가르치기 위해서입니다.

이렇게 유태인 부모들은 돈의 진정한 가치와 올바른 쓰임새를 가르침으로써 결과적으로 자녀들이 절약과 절제를 자연스럽게 깨우쳐 갈 수 있도록 교육을 합니다. 유태인들은 자녀들에게 절제에 관하여 가르치기 위해 다음과 같은 말을 해 줍니다.

"지나치면 모든 것을 잃게 된단다."

- "자, 이번 달 용돈이다. 지난 달 용돈 기입장을 가져와서 엄마하고 보자꾸나."
- "자전거를 사기 위해 돈이 필요하다면 일주일 동안 네 방 청소를 잘하렴."

시간의 중요성을 가르쳐라

"엄마, 내 양말하고 손수건 어디 있어요?"

"장롱 두 번째 서랍 안에 있잖아."

"엄마, 내 스케치북은 어디 있어요?"

"그런 건 네가 챙겨야지, 매번 엄마한테 물어 보면 어떡하니?"

"엄마, 나 늦었단 말이에요."

"그러기에 엄마가 일어나라고 했을 때 얼른 일어났으면 이렇게 정신 없진 않잖아. 아침밥도 못 먹고 이게 뭐니?"

위의 대화는 아침마다 대부분의 가정에서 겪게 되는 상황입니다.

다음의 경우도 비슷한 사례입니다.

"도대체 방학 내내 뭘 한 거니? 해놓은 숙제가 하나도 없잖아."

"내일하면 되지 뭐. 아직 일주일이나 남았잖아요."

"너 방학하자마자 일일 계획표 짜서 책상머리에 붙여 뒀잖아? 그렇게 안 지킬 거면서 왜 계획표는 짜서 붙여 두니?"

"그거야 선생님이랑 엄마가 그렇게 하라고 하니까 한 거지."

"넌 무슨 애가 그렇게 시간 관념이 없니?"

아이들은 방학을 하면, 학교 과제이기 때문이기도 하지만 나름대로 규칙적인 생활을 해보겠다며 생활 계획표를 짜곤 합니다. 그러나 잘 지켜내기는커녕 계속해서 밀리기만 하는 계획을 이리 고치고 저리 고치고 하지만 이내 싫증을 내며 포기 단계로 접어들게 됩니다. 평소에 시간을 잘 관리하고 계획성 있게 생활하는 습관이 어려서부터 몸에 배어 있지 않은 아이들이 계획표대로 생활을 하는 것은 애초부터 무리입니다.

사실 우리나라 사람들은 철저한 시간 관념이 부족한 편입니다. 그렇기에 '코리안 타임'이라는 말이 생겨났을 정도입니다. 이렇게 시간에 대한 관념이 부족한 사회에서 부모들이 아이들에게 시간을 잘 관리하도록 가르치는 것은 쉬운 일이 아닙니다.

〈탈무드〉에는 시간과 관련해서 다음과 같은 기록이 있습니다.

- 인간을 재는 데는 네 가지 척도가 있다. 돈, 술, 여자, 시간에 대한 태도
  가 그것이다. 그런데 이 네 가지에는 공통점이 있다. 매력적이지만 도를
  지나쳐서는 안 된다는 점이다.

처음의 세 가지는 누구나 알고 조심을 합니다. 그러나 사람들은 시간에 대해서는 그다지 주의를 기울이지 않는 법입니다. 그렇기 때문에 자기도 모르게 헛된 일에 시간을 낭비하는 이가 많습니다. 종교의 영향 때문이기도 하지만 아주 어릴 때부터 유태인 아이들은 정해진 시간 안에 모든 일을 마치는 훈련을 받고 자랍니다.

따라서 유태인들의 시간 개념은 철저하기까지 합니다. 부모로부터 시간의 중요성을 충분히 교육받은 유태인 아이들은 규칙적인 생활에 적응하기 위한 노력이나 준비도 철저합니다.

"이제 곧 아버지 돌아오실 시간이다. 샤워를 해서 몸을 깨끗이 하고 깨끗한 옷으로 갈아입으렴."

"엄마, 왜 아버지가 오시기 전에 그렇게 해야 하죠?"

"가족을 위해 하루 동안 최선을 다하신 아버지께 최대한 예의를 표해야지 않겠니? 그리고 저녁 식탁에 가족이 모두 모이는 시간이 얼마나 소중한지 생각해 보렴. 이렇게 미리 최선의 준비를 하는 습관을 통해 저

녁 식사시간과 그 이후의 시간을 낭비하지 않고 유익하게 활용을 할 수가 있단다."

"엄마, 지금 바로 가서 씻고 옷 갈아입을게요."

"그래, 시간은 돈이 아니라 삶이란다."

유태인 아이들은 일상을 통해 시간의 소중함을 배워갑니다. 윤회나 내세를 믿지 않는 유태인들이 결코 길지 않은 인생을 낭비하게 되었고 이러한 생각으로 시간을 소중히 여깁니다. 유태인들은 자녀들의 성년식 때 손목 시계를 선물합니다. 여기에는 "시간을 잘 지키고 활용할 줄 아는 사람이 돼라."는 부모들의 뜻이 담겨 있습니다.

유태인들에게 있어 삶이란 시간을 지키는 일의 연속입니다. 그래서 그들은 자녀들에게, "시간은 돈이 아니라 삶이다."라고 가르치는 것입니다.

- "무리하게 계획을 짜지 말고 네가 지킬 자신이 있는 약속만을 계획에 넣으렴."
- "시간을 잘 지키고 활용할 줄 아는 사람이 돼."
- "공부는 무턱대고 많이 하는 것보다, 짧은 동안이라도 정해진 시간에 규칙적으로 하는 게 좋단다."

유머를 아는 아이로 키워라

옛날 한 농부가 겨울 산에 나무를 하러 갔다가 꿩을 한 마리 잡았습니다. 마침 배가 고팠던 농부는 장작불을 지펴 꿩을 구워 먹으려고 했습니다. 그런데 어찌된 일인지 묶어둔 매듭이 풀리면서 꿩이 푸드득거리며 날아올라 도망을 가고 말았습니다.

그러자 농부는 꼬르륵 소리를 내는 배를 움켜쥐며 이렇게 말했다고 합니다.

"등—신, 저만 춥지 뭐."

이 이야기는 우리네 아버지나 할아버지 세대 사이에서 전해오는 우스갯소리입니다. 배가 고팠던 농부가 주린 배를 쥐고 했던 말치고는 우리 나름의 해학이 돋보입니다.

이 짧은 이야기 속에 무슨 거창한 의미가 있는 것은 아닙니다. 그저 한번 시원하게 웃을 수 있는 이야기입니다. 우리나라 사람들도 '골계미'라든가 '해학'이라는 말로 불렀던 나름대로의 은근한 유머를 가지고 있었습니다.

또한 그러한 유머는 우리 민족이 곤란에 빠지거나 어려움을 당할 때마다 그것을 이겨내는 힘으로 작용해 왔습니다. 물론 일상생활이나 가정에서도 그러한 유머는 우리 삶의 하루하루를 활기차게 해주었습니다.

자녀들의 가정 교육과 관련해서도 유머 섞인 부모의 말들은 아이를 적당히 꾸짖으면서도 아이의 마음을 크게 상하게 하거나 불안하게 하지 않았습니다.

그런데 언제부터인가 우리나라의 부모들은 자녀의 학교 성적에 대해서만큼은 유머를 잃기 시작했습니다. 잘못된 교육 제도나 그로 인한 경쟁 등 원인이야 여러 가지가 있겠지만 가장 큰 원인은 삶의 여유가 없어졌기 때문인 듯합니다.

요즘 아이들에게 가장 큰 고민은 성적과 관련한 고민이라고 합니다. 성적에 대한 고민때문에 자살을 하는 학생들이 생기고 하는 것은 분명에 전에 없던 사회 현상입니다.

우리 사회가 아이들에게 얼마나 큰 심적 부담을 주었으면 그런 일이 벌어질까요? 이러한 자녀 교육의 문제점이 심각한 것은 그러한 교육이 곧바로 사회 전체의 분위기로 연결되기 때문입니다.

요즘 많은 젊은 남녀들이 배우자의 가장 큰 조건 중의 하나로 유머를 꼽는다던가, 많은 기업체에서 직원을 뽑을 때도 유머를 갖춘 인재를 선호한다고 하는데, 이는 반대로 우리의 삶이 여유와 생기를 잃고 각박해져 가고 있다는 것을 보여주는 반증입니다.

유태인들은 자녀들이 고민에 빠져 있거나 힘든 일을 겪느라 웃음을 잃고 있을 때 유머와 교훈을 동시에 줄 수 있는 이야기를 들려주곤 합니다.

"정말 재미있는 얘기네요, 엄마."

"그렇지? 네가 요즘 힘든 일이 있어서인지 얼굴이 어둡더구나. 그런 네가 엄마의 이야기를 듣고 밝게 웃어주니 엄마도 기분이 참 좋구나."

"엄마, 미안해요. 며칠 뒤면 시험인데 공부가 잘 안 돼서 그랬어요. 이젠 좀 기분이 좋아졌어요."

"히브리어에서는 '지혜' 와 '농담' 을 똑같이 '호프마' 라고 부른단다. 수준 높은 유머가 지성에서 나온다고 믿기 때문이지. 현명한 사람은 어떠한 상황에 놓여 있더라도 여유를 가질 수 있단다."

유태인들은 유머가 있는 사람이라면 어떤 상황에서도 남은 물론 자기 자신을 웃게 만들 수 있다고 생각합니다.

특히 위기에 처해 있을 때의 유머야말로 한 걸음 물러나 상황을 객관적으로 바라볼 수 있게 해 준다고 봅니다. 그리고 이러한 유머는 침착하고 냉정한 정신과 지혜로부터 나온다고 믿습니다. 실제로 어려운 상황에서 한 걸음 물러나 바라볼 수 있는 지혜를 발휘할 수 있는 사람은 좋은 해결책을 생각해 내는 경우가 많습니다.

유태인들은 늘 웃음을 소중히 여겼습니다. 그래서인지 유태인들은 곧잘 '책의 민족'이라는 말을 듣는 것처럼 '웃음의 민족'으로도 일컬어져 왔습니다.

5천 년의 역사를 통해 그토록 박해를 받았으면서도 그들이 끈질기게 극복해낼 수 있었던 것은 바로 '웃음'을 만들어 내는 '지혜'를 지니고 있었기 때문입니다. 제2차 세계 대전과 같은 어두운 시절에도 유태인들은 삶의 여유를 잃지 않았습니다.

유머는 창조력과 반항의 정신을 담고 있습니다. 유태인들은 늘 기존의 권위를 의심하는 것이 중요하다는 교육을 받으며 자랍니다. 그리고 권위에 대한 유태인들의 의심과 반항은 창조적인 정신으로 이어지게 됩니다.

프로이트나 아인슈타인 등이 새로운 학설을 발견할 수 있었던 것도

기존의 학설을 의심함으로써 그것을 대체할 새로운 학설을 생각하고 증

명하기 위해 노력했기 때문입니다.

그렇기 때문에 지금도 유태인들은 그들의 어린 자녀들에게 웃음이

가지고 있는 힘에 대해서 가르칩니다.

"웃음은 지혜의 선물이란다."

• "많이 웃으면 웃을수록 건강해진단다."

• "어디에서 그렇게 재미있는 이야기를 들었니? 정말 재미있구나."

용서하고 화해하는 법을 가르쳐라

사람은 누구나 세상을 살아가는 동안 일부로든 우연으로든 다른 사람에게 피해를 받기도 하고 당하기도 합니다. 이는 좀더 범위를 넓게 보면 민족 간에도 적용이 되지만, 반대로 범위를 좁혀보면 사회생활을 막 배워나가는 아이들에게도 해당이 되는 이야기입니다.

"아니, 너 얼굴에 그 상처가 웬 거니? 누가 그랬어?"

"아무 것도 아니에요. 그냥 넘어졌어요."

"이게 어디 넘어진 상처니? 바른 대로 말하지 못해?"

"아이 참…… 친구하고 싸웠어요."

"뭐야? 너처럼 얌전한 애가 싸울 일이 뭐가 있니? 그 녀석이 널 못

살게 군 거지? 넌 맞기만 했어?”

“……”

“그럼 그렇지. 맞기만 했구나? 엄마가 그러기에 뭐랬어? 걔랑 놀지 말라고 했잖아!”

“……”

“안 되겠다. 내일 당장 엄마하고 학교에 같이 가자. 어디 우리 아들 얼굴에다 상처를 내?”

“난 괜찮아요. 그리고 선생님이 그 친구하고 화해도 시켰단 말이에요.”

“뭐야? 아이 얼굴을 이렇게 해놨는데 따끔하게 혼은 내지 않고 화해만 시켜? 당장 학교로 전화를 걸어야지.”

자녀가 유치원이나 학교에서 또래의 친구와 싸움을 벌이는 일은 흔한 일입니다. 물론 아이가 맞고 들어오거나 아이 몸에 상처라도 생기면 부모의 마음이 좋을 리는 없습니다.

그렇다고 아이들 사이에서 벌어진 일에 대해 오히려 부모가 더 흥분을 해서 과잉 반응을 보인다면, 아이가 속해있는 또래집단에서 자녀의 입장을 더욱 난처하게 만들기가 쉽습니다. 더구나 자신의 자녀와 싸운 아이의 부모라고 속이 상하지 않을 리는 없습니다.

특별한 경우가 아니고는 대부분 아이들의 다툼이나 싸움이란 사소한 것에 불과합니다. 자녀가 싸우고 들어왔을 때 중요한 것은 그 이유를 알아보고, 다음에는 같은 일이 다시 벌어지지 않도록 지도를 하는 것입니다.

그리고 사소한 다툼으로 인해 자녀가 친구를 잃거나, 더 큰 싸움으로 번지지 않도록 서로 화해하고 용서하도록 가르쳐야 합니다.

이 지구상에서 유태인만큼 온갖 박해를 당하며 살아 온 민족은 없다고들 합니다. 특히 2차 대전 중 히틀러와 나치스에 의해 수없이 많은 유태인이 학살되었던 사실은 이스라엘의 가장 슬프고 처참한 역사 가운데 하나입니다.

그 슬픈 역사를 기억하기 위해 세운 기념관이 예루살렘의 야드 바 쉠 박물관인데, 이스라엘의 모든 유치원생들의 중요한 견학 코스에 속합니다. 그 곳을 방문하는 아이들은 사진, 슬라이드 필름, 증언자들의 기록 등을 보면서 민족의 고통스런 역사에 대하여 생생하게 배우게 됩니다. 그러나 유태인들은 아이들에게 역사를 가르칠 때 "복수는 인간이 아니라 하나님만이 할 수 있다."고 가르칩니다. 그리고 과거에 얽매인 부정적인 태도보다는 미래에 희망을 걸고 사는 것이 현실적이라는 것도 빼놓지 않고 가르칩니다.

비단 제2차 세계 대전 당시에 나치스에게 당한 박해만이 아닙니다. 〈구약성서〉의 에스더 3장 13절에는 "십이월 곧 아달월 십삼일 하루 동안에 모든 유다인을 노소나 어린아이나 부모를 막론하고 죽이고 도륙하고 진멸하고 또 그 재산을 탈취하라."는 구절이 있습니다.

이는 기원전 5세기경의 일로 페르시아의 왕이 내렸던 명령입니다. 그 시행은 이루어지지 않았으나 기독교인들에 의한 유태인 박해는 오랜 세월을 두고 이루어졌습니다.

이렇게 오랜 박해와 죽음의 역사를 겪은 유태인들이건만 그들은 자신들에게 박해를 가한 침략자에 대하여 격한 증오의 감정을 가지고 있지 않습니다. 이는 유태인들의 문학서나 문헌에 침략자에 대한 증오를 담고 있는 내용이 없는 사실로도 쉽게 알 수 있습니다.

유태인 대학살이라는 만행을 저지른 독일인에 대해서도, 크리스트교도들에 대해서도, 그리고 오랜 전쟁을 벌이고 있는 아랍 민족에 대해서도 유태인들은 증오의 감정을 가지고 있지는 않습니다. 어떻게 그럴 수가 있는 것일까요?

"오늘 선생님께 전화가 왔다. 네가 학교에서 친구와 싸웠다고 하시더구나. 그게 사실이니?"

"네."

"왜 싸웠니?"

"그 아이는 덩치와 힘만 믿고 자기 고집대로만 하려고 해요. 그래서 다른 아이들도 그 애를 싫어해요."

"선생님께서 그 친구하고 화해를 시켰다고 하시던데, 엄마가 보기에는 네가 아직 그 친구를 미워하고 있는 것 같구나. 그렇지?"

"네."

"그렇다면 내일 네가 먼저 친구에게 다가가서 화해의 악수를 청하렴. 그리고 네가 생각하고 있는 불만을 솔직하게 얘기하고, 그 친구가 너에게 가지고 있을지 모르는 이야기도 들어보거라."

"네."

"그 친구를 네가 우리 집에 초대해서 데려와도 좋겠구나. 이 세상의 모든 사람들은 크게 보면 모두 한 가족이란다. 그러니 미워하는 마음이나 증오심을 가져서는 안 된단다. 그런 감정들은 너 자신을 해롭게 한단다. 우리 민족의 선조들이 그랬던 것처럼 너도 오늘 친구와 있었던 일은 잊지는 말되 친구를 용서하는 마음을 갖도록 해라."

유태인들은 증오나 복수심이 사람을 부정적인 과거에 얽매이게 하여 미래의 희망과 가능성으로부터 멀어지게 만든다는 것을 알고 있습니다. 또한 인간이 이 세상을 살아가는 동안 참된 용서를 배우지 못한다면 이 세상을 사랑하는 법 역시 배울 수가 없다는 것을 믿습니다.

그렇기에 유태인 부모들은 자녀들에게 이 세상을 사랑하는 법을 가

르치고, 미래의 비전을 향해 나아가도록 가르치기 위해 화해하고 용서
하는 법을 가르치는 것입니다.

- "어제 네가 싸웠다는 친구를 오늘 우리 집에 초대하지 않으련?"
- "먼저 용서하고 악수를 청할 수 있는 사람이 정말 용기 있는 사람이란
  다."
- "좋은 친구를 사귀고 싶다면 용서하는 마음부터 가져야 한단다."

좋은 친구를 사귀도록 하라

"엄마, 우리 집에 친구 데리고 와도 돼요?"

"그럼! 어떤 친군데? 공부는 잘하니?"

"이름은 이민수구, 공부는 나보다 못 해요."

"그……래?"

"부모님은 뭘 하시는데?"

"아빠 안 계시고 엄마는 장사를 하신대요. 지금 놀이터에서 기다리고 있을 텐데. 빨리 갔다 올게요."

"동현아, 민수랑 놀지 마."

"엄마, 왜 그래요?"

"너보다 공부 잘 하는 아이들이랑 놀아야 하나라도 배우지. 그런 애랑 놀면 도움 되는 게 없어. 알았어?”

“싫어요! 전 민수가 좋단 말이예요.”

어느 나라의 부모나 어린 자녀들이 친구를 사귀는 문제에 있어서는 매우 민감한 반응을 보이기 마련입니다.

“그 사람을 알려면 친구를 보라.”는 말이나 “친구 따라 강남 간다.”는 등의 말을 보더라도 우리 사회에서도 어떤 친구를 사귀는가 하는 것은 한 사람의 인생에 있어 매우 큰 영향을 미친다고 생각합니다.

그런데 우리나라의 부모들은 아이들이 친구를 사귈 때 좋은 친구와 그렇지 못한 친구의 기준으로 크게 두 가지를 보는 경향이 있습니다.

첫째는, 자녀의 친구라는 아이가 학교에서 공부를 잘 하는가 못 하는가 하는 기준입니다. 대부분의 우리나라 부모들은 자녀의 친구가 공부를 못 한다고 하면 그 아이의 인격이나 예절도 폄하해서 판단을 내리고 탐탁지 않아 하거나 친구로 사귀는 것을 반대하곤 합니다.

물론 자녀의 친구가 자신의 아이보다 공부를 잘 해서 하나라도 배울 게 있기를 바라는 마음은 나쁘지 않습니다. 하지만 아이가 성장하고 인격을 갖춰 나가는 데에 공부만이 도움이 되는 것은 아닙니다.

둘째는, 아이 친구의 부모가 어떤 사람이냐 하는 것을 봅니다. 그 부모가 성공한 사람들이면 그 아이도 좋은 아이라는 식의 판단을 내리는 셈입니다.

물론 부모의 영향을 무시할 수는 없겠지만 그 아이를 하나의 온전한 인격체로 생각하고 그 아이만을 관찰한 뒤 판단을 내려도 늦지 않습니다.

유태인들 역시 자녀들이 친구와 사귀는 문제를 아주 중요하게 생각합니다. 그리고 친구 한 명을 사귐에 있어서도 신중에 신중을 기합니다.

그러나 만일 자녀가 사귀는 친구가 부모의 눈에 바람직하지 못한 아이로 비추어질 경우 유태인 부모들은 분명하게 못을 박습니다.

"나는 네가 그 친구와 사귀지 않았으면 해."

"어째서요?"

"네가 본받을 점이 없는 것 같다. 친구를 사귀려거든 네가 배울 수 있는 부분이 있는 친구를 사귀거라. 그래야 너의 발전에 도움을 될 수가 있단다."

유태인 부모들은 자녀의 친구가 공부를 못 한다거나 그 부모가 하찮은 직업에 종사한다는 등의 이유 때문에 자녀의 친구를 싫어하는 일은 없습니다.

그리고 절대로 부모의 기준으로 자녀의 친구를 보거나 판단을 내리지는 않습니다.

또한 자녀들끼리 친구라고 해서 우리나라나 동양의 많은 나라에서 처럼 그 부모들도 친구가 되는 경우나, 반대로 부모들끼리 친구라고 해 서 그 아이들도 친구가 되도록 강요하지는 않습니다.

그러나 일단 자녀가 다른 아이와 친구가 된다면 유태인 부모들은 자녀에게, 친구란 내 몸의 일부처럼 아껴야 하는 소중한 존재임을 가르칩 니다. 유태인 격언 가운데에는 그러한 가르침을 담고 있는 말들이 많습 니다.

- 남의 백 마디 중상모략의 말보다 친구가 무심코 던지는 한마디 말에 큰 상처를 입는다.
- 친구가 채소를 가지고 있으면 고기를 주어라.

- "그 친구는 음악을 잘 하더구나. 너도 많이 배우렴."
- "네가 좋은 친구를 사귀고 있어서 엄마는 마음이 놓인단다."

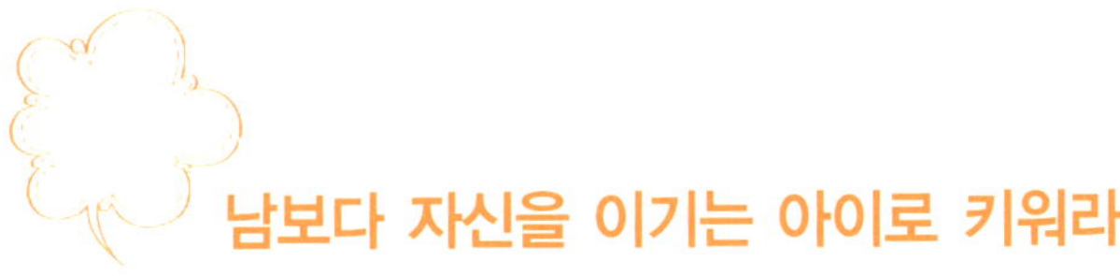

남보다 자신을 이기는 아이로 키워라

"앞집 아이는 너보다 한 달이나 늦게 피아노를 배우기 시작했는데 어떻게 너보다 진도가 빠른 거니?"

"그거야 나는 학원을 세 군데 다니니까 그렇지. 걔는 피아노만 배운 단 말이에요."

"변명하지마! 너는 그는 아이하고 같은 학원에 다니면서 창피하지도 않니?"

"여보, 애들이 잘 하는 게 다를 수도 있는 건데 뭘 그래?"

"당신은 모르면 가만있어요. 그 집 아이 엄마가 자기 아들이 영재라 나 어쨌다나 하면서 얼마나 내 속을 뒤집어놓는지 알아요?"

“원, 사람도! 그냥 대수롭지 않게 넘기면 될 걸 가지고.”

“당신은 가만 있어요. 너, 앞으로 피아노 연습하는 시간을 늘려서라도 앞집 애보다 진도를 더 나가야 해. 알았지?”

“아이 참, 엄마는 괜히 그래!”

사람은 누구나 같은 분야에서 경쟁의 상대 내지는 극복의 대상이 있을 때 더욱 많은 노력을 기울임으로써 많은 향상과 발전을 가져올 수가 있습니다. 물론 앞의 경우는 아이의 자발적인 의사가 아닌 부모의 강요에 의해 억지로 경쟁심을 요구하고 있는 경우입니다.

그런데 경쟁 상대나 극복의 대상을 염두에 둔 이러한 노력은 종종 한계에 부딪히는 경우가 많습니다.

만일 노력에 노력을 기울인 결과 경쟁자의 실력을 뛰어넘었다고 했을 때 자녀들은 이후에 방향을 잡기가 어려워질 것입니다. 목표로 삼았던 대상이 사라졌기 때문입니다. 이러한 시기가 오래 간다면 이전의 노력을 들인 결과까지 오래 유지되기가 어려워질 수 있습니다. 왜 그럴까요? 진정한 경쟁과 극복의 대상을 잘못 정했기 때문입니다.

모든 인간은 자기 나름의 창조적인 능력을 가지고 있습니다. 그러나 많은 사람들이 자기가 가지고 있는 그러한 창조의 능력을 스스로 계발할 줄을 모릅니다.

"너 요즘 그렇게 좋아하던 영어 공부를 어째서 하지 않니?"

"전에는 우리 반에서 나보다 영어를 잘 하는 어떤 애를 이기려고 열심히 했는데, 막상 그 애보다 잘 하게 되니까 흥미가 없어졌어요."

"엄마가 우리 유태인들에게 있어서 인생 최대의 목적이 뭐라고 했지?"

"자기를 낳는 거요."

"그게 무슨 뜻이라고 했니?"

"자기의 목표를 세우고 이를 꾸준히 실천하는 거요."

"그래. 그러려면 남이 아니라 누구를 이겨야 한다고 했지?"

"자기 자신."

"그렇다면 앞으로 어떻게 할래?"

"엄마, 앞으로 더 열심히 노력하겠어요."

유태인들이 말하는 '자기를 낳는 것'의 의미는 생물학직 딘생 이후 제2의 탄생을 의미합니다. 자기가 자기 자신을 낳는 것, 그것은 곧 위의 대화에서처럼 자아실현을 의미합니다.

그런데 유태인들은 자아실현을 이루려면 다른 사람을 극복하고 넘어서려는 노력만으로는 불가능하다고 말합니다. 다른 사람을 넘으려고 하는 것보다는 자기 자신을 넘어 서려고 노력하는 사람이 언젠가는 다른 사람도 뛰어 넘을 수 있다고 믿기 때문입니다.

이를 달리 말하면 근면과 부지런함만으로는 이 세계가 필요로 하는 일을 이룰 수 없다는 뜻이기도 합니다. 늘 새로운 것을 배우고자 하는 진취적인 기상이 먼저 바탕이 되어야 하기 때문입니다.

유태인들은 그들의 자녀에게 진취적인 기상이 있어야만 늘 새롭고 서로 다른 것을 공부하여 그것들을 상호 보완하고 연결시킴으로써 전혀 새로운 생각과 지식, 그리고 통찰력을 이끌어 낼 수 있다고 가르칩니다.

그러나 유감스럽게도 인간은 선천적으로 게으른 천성을 가지고 있습니다. 그렇기 때문에 새로운 사물과 지식, 사상에 대하여 끊임없이 관심을 갖고 있어야만 그러한 천성을 극복함하여 창조력을 발휘할 수 있습니다.

바로 이 모든 것들이 자기 자신을 극복하고 넘어서야만 가능해지는 것입니다. "지성은 은수저와 같아서 자주 닦지 않으면 녹이 슬게 된다." 유태인들의 격언은 이를 잘 말해 주고 있습니다.

"인간은 늘 새로운 것을 생각하지 않으면 인형과 같이 되어 버린다." 라는 아인슈타인의 말이나, "습관은 인간에게 있어 잠자고 있는 것과 같다. 어린 시절이나 청소년기에 시간이 가는 것이 길다고 느껴지는 것은 그 시기에는 늘 새로운 것을 대하게 되므로 자극이 강하게 작용하기 때문이다. 반대로 중년이 지나면 일 년이 너무 빨리 지나간다고 느끼게 되

는데, 이는 그들에게 너무나도 많은 습관이 쌓이고 또 쌓였기 때문이
다.”라고 했던 토마스 만의 말이 있습니다. 이는 인간에게 진취적인 기
상과 새로움에 대한 끊임없는 욕구, 자극이 얼마나 중요한가를 가르쳐
줍니다.

- “이 세상에서 제일 이기기 어려운 건 자기 자신이란다.”
- “네가 책을 보고 있으니 엄마는 얼마나 마음이 뿌듯한지 모르겠구나.”
- “너의 목표를 말해볼래? 그 목표대로 조금씩 실천해보렴. 매일 조금씩 노력을 기울인다면 이다음에 너는 그 목표를 이룰 수 있을 거야.”

영어를 가르치기 전에 자긍심을 가르쳐라

　　요즘 우리나라의 일부 부모들이 교육을 위해 미국이나 캐나다, 유럽 등 영어권의 선진국으로 자녀들을 조기 유학을 보내는 경우가 늘고 있습니다. 아울러 외국으로의 이민을 준비하거나 희망하는 사람들의 숫자도 계속 늘어나고 있다고 합니다.

　　물론 어렸을 때부터 영어를 배우게 하려는 목적이 가장 크겠지만 문제의 심각성은 다른 데 있는 것으로 보입니다.

　　아이들을 유학 보내는 부모들의 말을 들어보면, 우리나라의 교육 · 정치 · 경제 · 사회 · 문화 분야 등 아이들에게 주어진 환경이 열악한 정도를 넘어서 위험하다고까지 느끼기 때문에 이민이나 유학을 선택할 수밖에 없다고 합니다.

그렇지만 정말로 그 부모들의 말처럼 우리나라의 환경이 아이들에게 위험하다고 느껴질 정도라면 "내 아이만은 이 열악한 교육환경에서 가르치지 않겠다."는 식의 도피성 유학을 보내는 것이 최선일까요?

자녀의 교육에 있어서 가장 기본이 되고 근간이 되는 것은 국가와 민족에 대한 자긍심을 심어주는 것입니다.

실제로 중동에서 이스라엘과 주변 아랍 국가 간에 전쟁이 터졌을 때 그 소식을 들은 세계 도처의 이스라엘 유학생이나 출장 중인 사업가들이 이스라엘로 돌아가 전쟁에 참여하기 위해 짐을 쌌다는 이야기는 너무나 유명합니다.

유태인들의 이와 같은 애국심이나 민족을 사랑하는 마음은 그들이 어렸을 때부터 부모에게서 유태인이라는 자긍심과 '유태인다움'을 끊임없이 교육받았기 때문입니다.

유태인 가운데에는 거의 모든 분야에서 독보적인 업적을 남김으로써 세계적으로 이름을 남긴 이들과 지금도 각 분야에서 최고의 자리에 올라 있는 사람들이 상당히 많습니다. 그러다 보니 유태인들은 가족끼리 모여 이야기를 나눌 때 한 번쯤은 그러한 이들의 이름이 거론될 수밖에 없습니다. 그럴 때 유태인 부모들은 반드시 이 말을 해 줍니다.

"이 분은 유태인이란다."

이 한마디로 아이들은 그 인물에 대해서 상당한 관심과 친근감, 그리고 자랑스러운 마음을 갖게 됩니다. 또한 세계의 역사 속에서 유태인들이 인류에 공헌한 바가 얼마나 대단한 것이며, 자신들의 선조들이 겪어야 했던 고난의 역사가 얼마나 아픈 것인지를 헤아려봄으로써 "유태인으로 태어났다는 것은 무엇인가."를 다시 생각합니다.

유태인들은 오랜 역사를 통해 비극적 역사와 떠돌이 신세를 겪어 왔습니다. 그러다 보니 세계 어느 곳에서 만나더라도 같은 유태인이라는 사실 하나만으로 금세 친숙해지며, 서로를 도우려는 마음을 갖습니다.

그리고 앞서 보았듯이 유태인들은 음식에 대한 관념이 상당히 까다로운 만큼 금지되는 음식이 꽤 많습니다. 다음은 그들의 음식에 대한 금지 때문에 유치원이나 초등학교에 다니는 유태인 아이들과 어머니 사이에서 흔히 볼 수 있는 대화입니다.

"엄마, 저 빵 정말 맛있어 보인다. 그렇죠?"
"저 빵을 먹으면 너는 유태인이 아니란다."
"어째서요?"
"저 빵은 라드를 써서 구운 거란다."
"정말요? 그럼 저 빵은 절대 먹지 않겠어요."

유태인들은 먹어도 되는 음식, 즉 그들의 기준으로 깨끗하다고 여기는 음식을 코우샤 푸드라고 합니다. 라드는 돼지기름을 말합니다. 유태인들에게 돼지고기는 코우샤 푸드가 아니기 때문에 먹어서는 절대로 안 되는 음식입니다.

이처럼 유태인들은 음식에 대한 구분을 통해서도 자녀들에게 '유태인다움'을 강조하고 가르칩니다. 가장 유태인다운 것이 그들에게는 가장 의미있는 것이라고 생각하는 까닭입니다.

- "한글과 거북선, 해시계와 물시계를 만든 우리 민족은 우수한 민족이란다."
- "자기 민족을 사랑하지 않는 사람은 제 부모를 사랑하지 않는 사람과 같단다."
- "우리 민족은 무한한 가능성을 가지고 있단다. 그러니 너도 한국인으로서 긍지를 갖고 살아가도록 하렴."

꾸중 한번 듣지 않고 자라는 아이는 아마 없을 것입니다. 그런데 아무리 큰 잘못을 했을지라도 자녀에게 두고두고 상처가 될 말, 역효과를 가져올 말은 절대 해서는 안 됩니다. 그렇다면 자녀를 꾸중할 때 삼가야 할 태도는 어떤 것들일까요?

먼저 자녀의 이야기는 제대로 듣지도 않고 멋대로 상황을 판단하여 자녀를 꾸짖는 일은 없어야겠습니다. 이러한 태도는 자녀에 대해 부모가 근본적으로 불신감을 갖고 있다는 증거이므로 자녀는 부모에게 반발심을 갖고 더욱 그릇된 행동을 일삼게 됩니다. 아무리 화가 나더라도 자녀의 설명을 듣기 전에는 일방적으로 상황을 추측하는 일은 없어야겠습니다.

마찬가지로 어른의 권위를 내세워 자녀를 억누르는 태도도 자녀의 반발심을 일으키는 부정적인 대화자세입니다. 누구나 자신이 저지른 실수나 잘못에 대해 변명을 하게 되기 마련입니다. 그런데 그때 "어디서 감히 말대꾸를 하느냐!"라며 권위를 내세워 묵살한다면 자녀는 감정이 상해 더 이상 부모의 이야기에는 귀를 기울이지 않게 됩니다.

자녀의 의사를 무시하고 일방적으로 해결책을 제시하여 위협적으로 그 해결책에 따를 것을 강요하는 태도 역시 권위적인 부모들의 문제 해결 방식입니다. 아이들은 부모의 간섭이나 중재로 바른 길을 찾기보다는 자신의 선택대로 행동하면서 시행착오를 겪어야만 많은 것을 배울 수 있으며, 책임감과 자율성을 키워나갈 수 있습니다. 그런데 많은 부모들은 자녀들에게 가장 좋은 것, 옳은 것이 무엇인지를 잘 알고 있다고 생각합니다. 그러나 부모들이 일방적으로 결정해주면 아이들은 스스로 선택할 줄 모르게 되고, 나아가 자기 성찰의 기회를 빼앗겨 잘못을 저지르고도 반성할 줄 모르는 비도덕적이고 무책임한 아이로 자라게 됩니다.

가부장 의식이 강한 부모가 저지르는 흔한 실수는 성 차별적인 말로 자녀를 꾸짖는 것입니다. "사내 녀석이 그것도 제대로 못해서 뭐가 될래?" "계집애가 어디 오빠한테 대들어!"와 같은 성 차별적인 비난은 자녀를 주눅 들게 하고 낮은 자아 존중감을 심어주게 됩니다. 성 차별적인 비난은 남자 아이에게나 여자 아이에게나 남성 또는 여성으로서의 역할에 따른 중압감을 심어주게 됩니다. 이러한 언행은 원만한 대인관계를 저해하는 요인이 되어 자녀가 성장한 뒤 사회 활동이나 가정생활을 하는 데 좋지 못한 영향을 미칠 수 있습니다.

많은 부모들이 자녀가 같은 실수나 잘못을 되풀이할 때 "넌 어째 만날 그 모양이냐?" "내가 너 그럴 줄 알았다."라는 말을 자주 내뱉습니다. 이런 식의 말들은 자녀를 심리적으로 크게 위축시켜 또다시 같은 일에 대해 번번이 실수하고 잘못하게 만드는 요인이 됩니다. 마찬가지로 자녀를 다른 아이나 형제와 비교하는 말도 자녀에게 성장의 기회를 앗아가는 잔인한 태도입니다.

물론 부모도 감정을 가진 사람이고 특히 자녀에 대해서라면 기대치가 높은 만큼 바라는 대로 자녀가 따라오지 못하면 더욱 화가나기 마련입니다. 그러므로 화가 났을 때는 바로 혼을 내기보다는 감정을 가라앉힌 뒤 이야기하거나 짧게 핵심만 말하는 것이 좋습니다.

자녀가 아무리 어릴지라도 어른과 똑같은 고귀한 생명체이고 감정과 생각이 있는 인격체란 사실을 어떠한 경우에도 잊지 말아야 합니다. 부모가 자기 자녀를 존중하지 않는다면 다른 사람은 말할 필요도 없습니다. 자기가 대접받고 싶은 대로 상대를 대접하라고 했습니다. 이것은 부모자식 관계에도 적용되는 진리입니다. 자녀에게 존경받는 부모가 되고 싶다면 내가 먼저 자녀를 존중해주어야 한다는 사실, 잊지 마십시오.

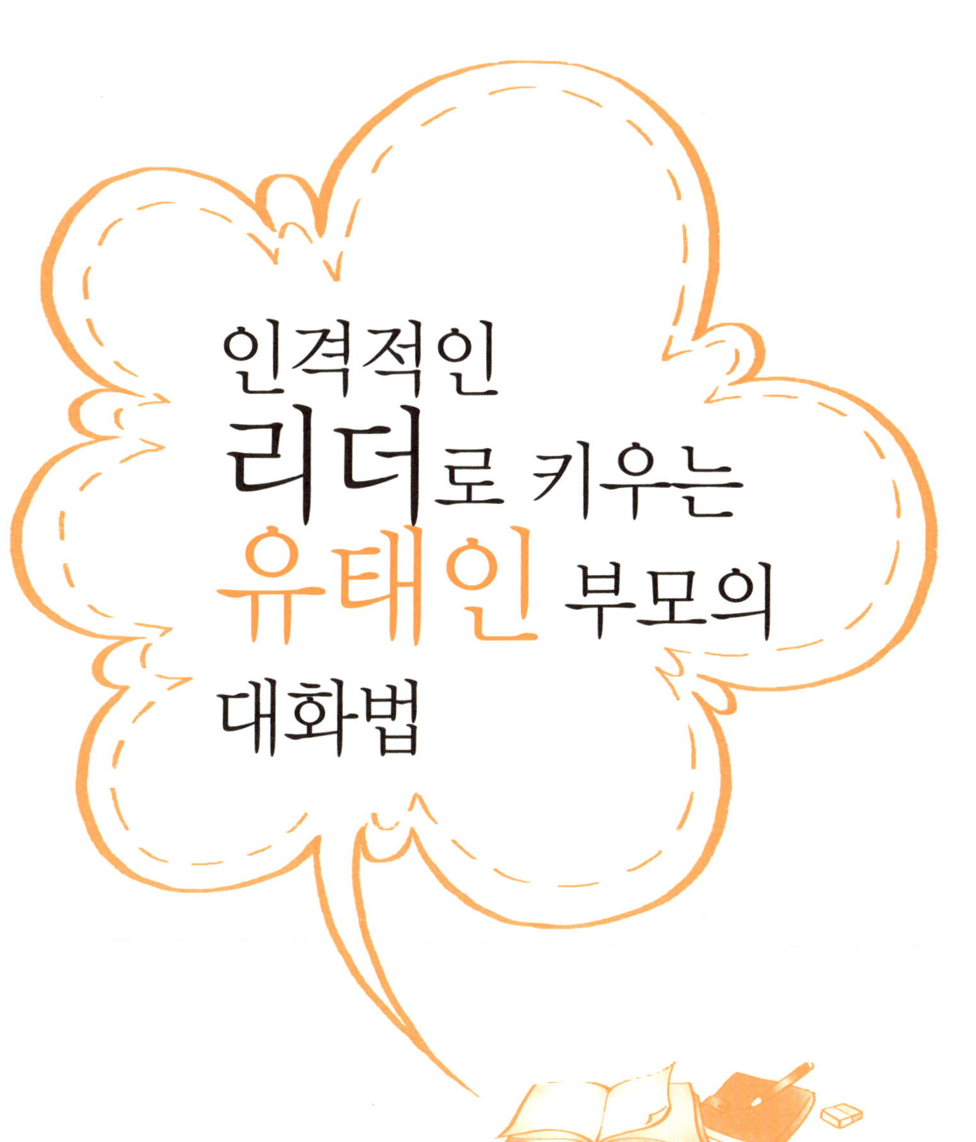

인격적인
리더로 키우는
유태인 부모의
대화법

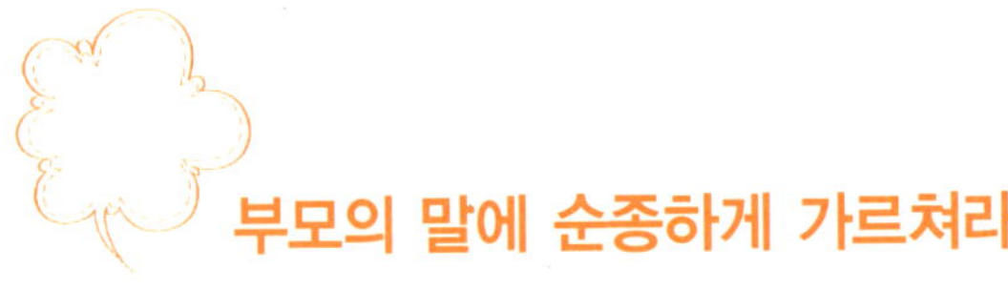

"너는 어떻게 나이를 먹을수록 점점 더 방을 어질러놓니? 왜 옷을 옷걸이에 걸어두질 않는 거야? 방을 좀 치우고 놀아."

"조금 있다가 치울게요."

"지금 당장 치우고 나서 놀아! 너는 왜 엄마가 시키면 꼬박꼬박 말대꾸를 하고 그러니?"

"지연이 방도 지저분한데 왜 엄마는 나한테만 뭐라고 그래요?"

"아무나 먼저 치우면 좀 어때? 방이 이게 뭐니? 꼭 돼지우리 같잖아!"

"지금은 하기 싫단 말이에요."

"네가 계속 엄마 말을 안 들으면, 지난 번에 엄마가 네게 사주기로 한 옷, 안 사줄 거야. 그러니 얼른 치워."

이 대화의 예를 보면 아이의 엄마가 몇 가지 바람직하지 못한 대화 방법을 사용하고 있습니다.

아이의 엄마는 화가 난 나머지 자녀에게 심리적인 공격(나이를 먹을수록 점점 더 어질러 놓니?)과 명령과 강요(하라면 당장 할 것이지, 너는 왜 엄마가 시키면 꼬박꼬박 말대꾸를 하고 그러니), 그리고 위협하는 말(더 이상 너한테 옷을 사주지 않을 거야) 등을 하고 있습니다.

그런데 이러한 대화법은 아이의 심경과 행동에 전혀 변화를 가져오지 못하고 있음을 알 수 있습니다.

부모의 공격과 명령, 위협의 말을 들은 아이들은 부모와 마찬가지로 화를 내게 되며, 반항의 의지를 보이게 됩니다.

만일 위의 경우에서 엄마가 딸이 방을 청소하기 싫어하는지 이유를 물은 다음, 왜 방을 깨끗이 해야 하는지에 대해 설명해 주고, 미리 청소 계획을 세우도록 기회를 주었다면 두 사람이 그처럼 화가 나는 상황을 피할 수 있었을 것입니다.

자녀가 부모의 말을 듣지 않을 경우, 대부분의 부모는 자녀에게 왜 그 행동을 해야 하는지에 대해 이유를 알려고 하기보다는 자녀가 부모의 말에 순종하지 않는다고 화부터 냅니다.

'옆집은 소리 한번 지르지 않고 아이를 키우는데, 우리 애는 왜 이럴까? 나의 교육 방법에 문제가 있는 게 분명해.'

‘나는 어쩌다가 저렇게 고집 세고 막무가내인 아이를 낳았을까.’

자녀가 부모의 말에 좀처럼 순종하지 않아서 화를 자주 내거나 소리를 지르는 부모들은 이렇게 별별 생각을 다 하게 됩니다. 그러나 이는 자녀가 선천적으로 나쁜 성격을 타고났다기보다는 자녀가 미운 행동을 했을 때 그러한 행동을 저지른 아이의 심정이나 기분을 고려치 않고, 부모 스스로 노여움을 이기지 못하기 때문에 일어나는 현상입니다.

보통의 부모들은 아무리 자녀를 사랑하더라도 가끔은 자신도 모르게 순종하지 않는 아이들을 향해 격렬한 노여움을 표출하게 됩니다. 그러다 보면 부모와 자녀 사이의 싸움이 극에 달하게 되고, 그럴 때마다 부모들도 아이들에게 벌을 주거나 회초리를 들게 됩니다. 그렇지만 그와 같은 행동은 부모와 자녀 모두가 원하는 것이 아닙니다.

사실 자녀에게 정서적으로, 혹은 신체적으로 고통을 주는 동안 그 부모의 마음이라고 편할 리가 없습니다. 오히려 기분이 더욱 언짢고 마음이 아파질 뿐입니다.

부모가 어린 자녀의 잘못이나 행동을 어른들의 눈으로 바라보며 자주 야단을 치다 보면 아이들이 어른 세계의 어려움을 일찍부터 알게 되고, 아이들이 자칫 자신감을 잃을 수도 있습니다.

그래서 유태인 어른들은 아이들을 밝게 키우기 위해 칭찬을 많이 합니다. 심지어는 컵을 깼을 때에조차도 “축하합니다!”라고 말하는 전통이 있을 정도입니다. 그들은 아이가 실수를 하면 먼저 "왜 그랬니?"라고 이유를 물어봅니다.

그리고 아이를 꾸짖으면서도 기를 죽이지 않고, "지금은 실수를 했지만 나중엔 반드시 잘 할 수 있다."라고 말해 줍니다. "넌 잘 할 수 있어!" "그건 별것 아니야." 등의 말은 유태인 부모들이 자녀들에게 가장 많이 하는 말들입니다.

아이가 실수를 했거나 버릇없이 굴었을 때 "넌 도대체 왜 그 모양이니." "그래서 뭐가 되겠니?"라고 말하면 아이는 자신감과 의욕을 잃게 됩니다. 이럴 때 유태인 부모들은 아이의 엉덩이를 툭툭 치며 용기를 북돋워 주는 말을 합니다. 그래야 희망을 잃지 않고 자신감을 잃어버리지 않기 때문입니다.

자녀가 실수나 잘못을 저질렀을 때 부모가 아무렇지도 않은 표정으로 "그건 별것 아니야."라고 말한다면, 아이들은 어려움에 직면했을 때에도 스스로 극복할 수 있는 힘을 배우게 됩니다.

그러나 몇 번 주의를 주었음에도 불구하고 자녀들이 계속해서 같은 말썽을 피우거나 부모의 말을 안 들을 때에는 유태인 부모들도 엄하게 아이를 꾸짖습니다. 하지만 그 과정과 마무리를 하는 모습은 본받을 점이 많습니다.

"에그머니! 음식을 다 엎지르고 말았네. 그러기에 엄마가 뭐라고 했니? 조심하라고 했잖아."

"……."

"휴우! 네가 음식을 엎는 바람에 식사시간이 엉망이 되었구나. 엄마는 네 행동 때문에 화가 나는구나."

"엄마, 잘못했어요."

"네가 그렇게 식탁 주변에서 뛰어 다니지만 않았어도 이런 일은 없었을 게 아니니? 그리고 엄마가 지난번에도 식탁 주변에서 뛰어 다니지 말라고 이야기를 했던 것 기억하지? 그 때 엄마가, 다시 한 번 그런 행동을 하면 어떻게 한다고 했었지?"

"내 방에서 '생각하는 의자' 에 앉기로 했어요."

"그래, 잘 기억하고 있구나. 이리 오렴. 엄마가 정성 들여 만든 음식을 먹지 못하게 되어서 엄만 화가 났단다. 하지만 네가 잘못을 인정했으니 이쯤에서 용서해 주마. 그러나 식탁 주변에서 뛰지 않기로 한 약속을 어겼으니, 벌은 받아야겠지? 자, 한 시간 동안 생각하는 의자에 가서 앉아 있으렴."

아이가 생각하는 의자에 앉은 지 한 시간이 지난 후 엄마는 말을 합니다.

"엄마가 널 벌 세우는 것은 너를 사랑하기 때문이란다. 엄마는 널 미워하지 않아. 다만 네가 잘못된 행동을 반복하지 않도록 하기 위해서 '생각하는 의자'에서 반성할 시간을 주었던 거야."

유태인 부모들은 자녀가 말을 안 들을 때 아이를 위협하거나, 모욕을 주고, 심리적으로 공격을 하는 대신, 아이 앞에서 자신들의 감정을 솔직하게 말합니다. 그러나 그때는 반드시 간단하고 강한 어조를 사용합니다. 그리고 무엇보다 아이의 잘못된 행동을 지적하면서 부모가 어떻게 느끼고 있는가를 말하는 것으로 끝나지, 결코 아이의 자질이나 성격에 대해서는 말하지 않습니다.

그리고 부모 스스로 몹시 화가 났다는 것을 느낄 때는 그 상황으로부터 이탈을 합니다. 즉 화가 난 상황에서 잠시 멀어짐으로써 냉정을 되찾을 시간을 갖는 동시에, 나중에 아이에게 무슨 말을 할 것인가를 생각합니다. 그러한 시간의 여유를 통해 부모는 아이를 사랑하고 있는 마음을 되찾을 수 있습니다. 그럼으로써 아무리 부모의 노여움이 컸다고 해노 그것이 영원히 이어지는 것이 아님을 아이에게 느끼게 해 줄 수 있는 것입니다.

그리고 아이를 야단치고 나서 다시 대할 때 적절한 유머를 가미한 말을 곁들임으로써 무겁고 어색한 분위기를 밝게 만들어 줍니다. 따라서 그렇게 밝은 분위기를 되찾음으로써 아이들도 죄책감이나 감정의 앙금을 남기지 않게 됩니다.

- "엄마가 원하는 대로 해주다니, 정말 넌 착한 아이야."

- "네가 청소하고 나니, 집안이 얼마나 깨끗한지 좀 보렴."

- "지금 장난감을 치울래? 아니면 엄마 심부름을 다녀올래? 네가 선택해 보렴."

- "엄마는 지금 너의 말 때문에 몹시 화가 났어. 엄마가 무엇 때문에 화가 났는지 잠시 생각을 해 보고 엄마에게 할 말이 생기면 엄마랑 다시 이야기하자."

억지로 공부를 가르치기보다는 흥미를 자극하라

"너는 어쩌면 그렇게 놀기만 좋아하니? 다른 집 애들은 학교 다녀오기 무섭게 숙제를 다 해놓고 학원에 갈 준비를 한다는데."

"나도 학원 갈 준비는 다 했어요. 그리고 숙제는 학원 다녀와서 할 거란 말이에요."

"학원 선생님들이 그러는데, 너 요새 학원 숙제노 게을리하고 친구들하고 놀 궁리만 한다며?"

"다른 애들도 다 그러는데요, 뭐."

"그렇게 다른 아이들하고 똑같이 놀 때 놀고 하면 어떻게 공부를 잘할 수가 있겠니? 넌 그렇게도 공부가 재미없고 하기 싫으니?"

"다른 애들도 다 노는 걸 좋아한단 말이야."

“하기 싫어도 공부는 해야 해. 안 그러면 대학도 못 가고, 어른이 돼서도 다른 사람들 무시나 받으면서 가난하게 살아야 해. 그래도 좋으니?”

어린 시절의 경험과 산 교육은 인성과 성격에 많은 영향을 주며, 아울러 친구들 사이에서 발생한 크고 작은 일들로부터 많은 지혜를 얻습니다. 그러한 모든 것들은 아이가 성장했을 때 정서적으로나 인격적으로 세상을 조화롭게 살아가는 밑거름으로 자리를 잡게 합니다.

그러나 부모들은 아이가 너무 어릴 때는 위험하다고 해서, 조금 큰 다음에는 공부를 해야 한다는 이유로 친구들과 뛰어노는 것을 막습니다. 부모들은 자녀에게 다른 누구보다 공부를 많이 해야만 좋은 대학을 가고 좋은 직장을 갖게 된다고 가르침으로써 집과 학교, 학원만으로 아이의 환경을 제한하려고 합니다.

부모들은 말합니다.

“나도 공부해라, 공부해라 강요하고 싶지는 않지만 다른 애들 다 하는데 우리 애만 안 할 수가 있나요?”

“다 저 잘 되라고 하는 것인데, 꾹 참고 해야지요.”

그러나 아이들도 어른처럼 스트레스를 받습니다. 요즘처럼 부모의 강요에 밀려 학교는 물론 이 학원, 저 학원으로 정신없이 옮겨 다녀야 하는 아이들은 스트레스를 넘어 정서적인 압박과 불안을 경험하는 경우가 적지 않습니다.

우리나라 부모들의 경우, 자녀가 학교 공부를 잘 하느냐 못 하느냐에 많은 관심을 가지고 있습니다. 이러한 지나친 부모님의 기대나 조바심은 오히려 자녀의 학습 동기를 떨어뜨려 영원히 공부에서 멀어지게 할 수 있습니다.

부모부터 여유 있는 마음 자세를 가지고 자녀를 대하는 것이 중요합니다. 진짜 공부는 어릴 때가 아니라 어느 정도 성장한 이후에 하는 것이라는 생각을 가져야 합니다. 중요한 것은 공부를 잘 하고 못 하는 것이 아니라 학습하는 경험을 통해서 무언가를 할 수 있는 자신감을 배우고 장차 사회생활을 할 수 있는 기초를 닦는 데에 있습니다.

아이가 공부를 싫어할 때는 부모님의 마음이 조급할지라도 우선은 접어 두었다가 아이가 관심을 나타낼 때 학습을 시키면 훨씬 효과적입니다.

유태인 부모들은 자녀가 공부하기 싫어할 경우 다음과 같이 대화를 통해 자녀에게 공부할 수 있는 동기를 심어 줍니다.

"엄마, 숙제가 하기 싫은데 밖에 나가서 놀아도 돼요?"
"싫은 걸 억지로 할 필요는 없단다. 공부하기가 힘들면 잠깐 동안이라도 나가 놀면서 기분을 바꾸어 보렴."

"그런데 엄마, 이번 숙제는 중요해서 만약 숙제를 하지 않으면 선생님으로부터 꾸중을 들을 것 같아요."

"그래? 숙제는 하기 싫고, 그런데 숙제를 안 하면 마음이 불안하고. 어떻게 해야 할까? 네가 원하는 것이 무엇인지 마음의 소리에 귀 기울여 보렴."

"내가 원하는 것은 숙제를 해서 선생님으로부터 칭찬을 듣는 거예요. 하지만 지금은 공부하기가 정말 싫은 걸요."

"그래? 네가 숙제를 하고 싶은 마음이 있다니 기쁘구나. 엄마가 나중에 숙제하는 걸 도와줄 테니 너무 걱정하지 말아라. 그 대신 한 시간 이상 놀면 안 된다. 엄마랑 약속할 수 있지?"

유태인들은 자녀의 공부 방향이나 장래를 부모가 미리 결정하고 강요하는 일이 없습니다. 하기 싫은 공부를 억지로 하는 것은 아이에게 참다운 공부가 될 수 없다는 것을 너무나 잘 알고 있기 때문입니다.

교육학자들은 자녀의 학구열을 높이기 위해서는 무언가를 억지로 주입시키거나 공부를 계속 강요하는 것보다는 대략적인 방향만을 제시해 주고, 아이들이 스스로의 장점을 살려가며 자신에게 맞는 공부를 발견해 가는 것이 좋은 방법이라고 제안합니다.

자녀의 학습 능력이 우수하냐 그렇지 못하냐는 머리가 좋고 나쁜 것에만 전적으로 좌우되는 것이 아니라 아이의 자신감과 결부되어 있습니다. 아이들이 지나친 공부에 힘이 들어하거나 자신감을 잃음으로써 좌절감을 느낄 때는 부모가 여유 있는 배려와 격려를 통해 용기를 주는 것이 바람직합니다.

이스라엘에서는 어린아이들에게 글씨를 익히고, 숫자를 외우고, 피아노를 치는 것과 같은 기능 교육을 시키지 않습니다. 대신 많은 음악을 들려주고, 그림을 많이 그리게 합니다. 유치원에서도 초등학교 입학 몇 달 전까지는 글자나 숫자를 가르치지 않으며, 생활에 꼭 필요한 단어도 그림이나 게임으로 가르칩니다.

유태인들은 자녀들이 책상 앞에서 하는 공부보다는 현장에서의 체험 학습을 중요시합니다. 그래서 유태인 부모들의 주된 주말 일과도 아이들과 함께 야외로 소풍을 가거나 공원 나들이를 하는 것입니다. 특히 공동체 생활을 하는 키부츠에서는 현장 학습을 자주 합니다. 아이들은 농장에서 농부들처럼 일을 해보기도 하고, 목장으로 견학을 가기도 합니다.

유태인들은 아이들을 자연 속에서 거침없이 뛰어 놀게 합니다. 그리고 아이가 무엇이든 경험할 수 있게 배려를 합니다. 이렇게 어려서부터 사고나 행동을 자유롭게 구사하도록 만드는 환경은 아이들의 두뇌를 유연하게 만들며 창의적이고 자립적인 인간으로 자라게 합니다.

아이는 무한한 가능성을 가진 존재입니다. 부모가 자녀의 감정을 존중하게 되면 자녀는 학습에 대한 스트레스를 덜 받게 되고, 결국은 점차 학습 능력을 키워갈 수 있을 것입니다.

- "공부하는 방법만 익히면 좋은 성적을 얻을 수 있어. 그러니까 조금만 더 해 보자꾸나."
- "다음번에는 잘 할 수 있어. 많이 틀렸다고 속상해 하지 말거라."
- "이제는 덧셈 계산은 무척 잘 하는구나. 자, 이제 뺄셈에 도전해볼까?"

“어서 밥 먹자.”

“싫어, 고기가 없잖아.”

“엄마가 다음엔 고기 반찬 해줄게. 오늘은 콩나물과 시금치가 있으니까 맛있게 먹으렴.”

“싫어! 시금치는 물렁물렁해서 먹기 싫고, 콩나물은 맛이 없던 말이야. 고기 달란 말이야!”

“콩나물에는 비타민이 많아서 키를 쑥쑥 크게 해주고, 시금치에는 철분이 많아서 몸을 튼튼하게 해준단다. 그리고 얼마나 맛있는데.”

“난 하나도 맛없어! 난 고기가 먹고 싶다니까.”

“그럼 여기 김치하고 해서 먹으렴. 엄마가 먹기 좋게 잘라줄게.”

“싫다니까! 나 밥 안 먹을래!”

“그래, 알았다, 알았어. 엄마가 이따가 돈까스 만들어줄게.”

어느 가정의 아이들이나 특정 음식을 유독 좋아하고, 반대로 어떤 음식에는 심한 거부감을 보이는 경우가 있습니다. 사실 어릴 때는 어떤 아이들이라도 약간의 편식을 하곤 합니다. 그럴 때는 아이의 건강을 위해서도 그렇고, 가족들 사이의 일체감을 해치지 않기 위해서라도 부모가 자녀들의 편식하는 버릇을 고쳐주어야 합니다.

그런데 대부분의 부모들은, 아이가 밥을 한 끼라도 거르면 큰일이라도 날 것처럼 생각을 해서인지 어떻게든 밥을 먹이려고 애를 쓰는 편입니다. 그러다보니 자녀의 편식하는 버릇을 고쳐주기란 그렇게 쉽지가 않습니다.

특히, 아이가 최대한 식사를 편하게 할 수 있도록 옆에서 도움을 주는 부모가 많습니다. 하지만 식사 때마다 부모가 옆에서 아이의 수저 위에 반찬을 놓아주는 등 식사를 챙기고 일일이 보살피려다 보면, 아이는 예절을 배우기가 어렵습니다.

아이들의 편식 습관은 대체로 특정 음식에 대한 선입관이나 그때그때의 기분에 많이 좌우되어 나타납니다. 따라서 일일이 설명과 도움을 준다고 해서 고쳐지는 것이 아닙니다.

유태인들은 자녀의 건강에 대한 부모의 책임을 교육에 대한 책임만큼이나 중요하게 여깁니다. 그렇기 때문에 건강을 해치기 쉬운 자녀의 편식 습관에 대해서도 아이가 어릴 때부터 매우 엄격하게 바로잡아 주려고 노력을 많이 합니다.

더군다나 그들은 가족이 모여 식사하는 시간을 신앙에 버금가는 정도로 신성하고 소중하게 생각하며, 식사를 할 때 자녀의 편식 습관은 가족 간의 결속과 일체감을 저해한다고 생각하여 제대로 가르치려고 합니다. 그러나 여기서의 엄격함은 자녀를 윽박지르거나 무섭게 대하라는 것이 아닙니다. 부모의 양육 지침이 일관되고 단호해야 한다는 의미입니다.

유태인 어머니들이 자녀에 대한 교육만큼 중요하게 여기는 것이 자녀의 건강입니다. 따라서 식사를 통한 올바른 영양 섭취와 가능한 한 많이 먹게 함으로써 언제 어느 곳에서나, 그리고 누구에게도 뒤지지 않을 정도의 체력을 자녀가 갖출 수 있도록 하는 것을 당연하면서도 중요한 의무의 하나로 생각합니다.

자녀가 음식을 가리며 투정을 부릴 경우 유태인 부모들은 식탁에서 다음과 같이 말합니다.

"자, 건강을 위해 골고루 많이 먹으렴."

“엄마, 고기가 없네요.”

“그래. 오늘 저녁 식사에는 고기가 없단다. 그 대신 야채를 많이 먹으렴.”

“엄마, 나는 콩으로 만든 반찬이 싫어요. 고기가 먹고 싶은 걸요.”

“오늘 준비가 안 된 음식을 자꾸 먹겠다고 하지 말고 다른 음식들을 골고루 많이 먹으렴.”

“난 지금 고기 음식이 먹고 싶은 걸요. 고기 반찬이 없으면 식사 안 할래요.”

“그렇게 하렴. 먹기 싫다면 식사를 걸러야지.”

유태인들은 자녀의 편식을 바로잡아 주려고 할 때, 자녀가 싫어하는 음식의 영양 성분과 그 효과를 일일이 설명해 주거나 반찬을 아이의 수저 위에 올려주는 행동 같은 것은 하지 않습니다. 유태인 부모들은 좋아하는 음식을 계속 고집하는 아이에게 “건강을 위해 많이 먹으렴.”이라는 말을 반복할 뿐입니다.

그리고 무엇보다 놀라운 것은, 아이가 지속적으로 고집을 피우며 마지막으로 “밥을 먹지 않겠다.”고 했을 때에도 놀라거나 안쓰러워하는 마음을 자녀에게 나타내지 않는다는 점입니다. 그리고는 더 이상 선택의 여지가 없음을 아이에게 알려 주고 아이를 굶깁니다.

결국 오래지 않아 아이는 배가 고픈 것을 견디지 못하게 되고, 음식을 자신의 기분대로 가려먹어서는 안 되겠다는 생각을 가지게 됩니다. 몇 번만 이런 경우를 경험한다면 아이는 편식하는 버릇을 고칠 수가 있습니다. 이때 부모의 흔들리지 않는 일관성이 필요합니다.

유태인 부모의 이러한 교육이 다소 지나치다고 생각할 수도 있습니다. 하지만 궁극적으로 어느 쪽이 더 아이를 위해 좋은 것인지를 생각해야 보아야 합니다.

- "밥 먹기 전에 그걸 먹으면 입맛이 없어져서 밥을 먹기 싫어진단다. 그러니까 이따가 먹자."
- "콩이 들어간 밥이 먹기 싫다면 먹지마. 나중에라도 네가 배가 고파서 밥을 먹고 싶을 때는 엄마가 차려줄 수 없음을 명심해야 한다."

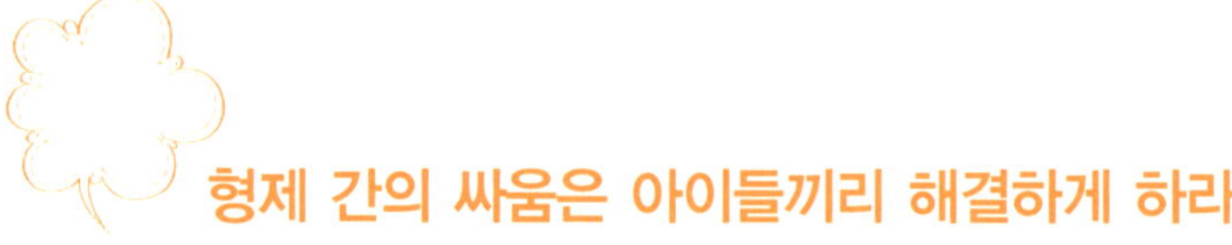

형제 간의 싸움은 아이들끼리 해결하게 하라

두 명 이상의 자녀를 둔 가정에서는 자녀들이 자주 이런 말을 합니다.

"엄마는 언니만 좋아해."

"엄마는 동생 편만 들어."

부모는 어느 한 아이만 편애를 하는 것도 아닌데, 이런 말을 들으면 무척 속이 상합니다.

한 조사 결과에 의하면 90퍼센트 정도의 많은 아이들이 형제, 자매 간의 차별을 느끼고 경험한 적이 있다는 대답을 했다고 합니다.

여기서 더욱 중요한 것은, 아이들은 언제 어떤 일로 부모가 서운하게 대했는지, 형제 간에 차별 대우를 했는지를 아주 세심하게 기억한다는 사실입니다. 그것도 아주 어른이 되어서까지 말입니다.

"그건 내 옷이야! 왜 언니가 입는 거야?"

"그래. 하지만 원래는 내가 입던 옷이었어."

"웃기지마! 빨리 벗으란 말이야."

"대체 무슨 일이니? 왜 또 싸우는 거야?"

"엄마, 언니가 내 셔츠를 입었어요."

"그래, 이젠 너한테는 잘 맞지도 않잖아 동생한테 돌려주렴."

"싫어! 내 옷이란 말이야. 내가 보관하고 있을 거야!"

"그럼 동생인 네가 오늘 하루만 양보하렴."

"싫어! 엄마는 왜 매일 언니 편만 들어? 엄만 나보다 언니를 더 좋아하는 거지?"

형제나 자매 사이의 싸움은 불가피합니다. 형제 산의 언령 차이가 2~4세인 경우 경쟁과 질투가 심합니다. 그러므로 형제·자매끼리 싸움을 하는 것은 어떻게 보면 자연스러운 현상입니다.

대부분의 부모들은 자녀들이 서로 사랑하고 같이 놀며 평생 친구처럼 지내는 평화롭고 행복한 가정을 꿈꿉니다. 그러나 만일 부모들이, "우리 아이들은 항상 서로 사이좋게 지낼 거야."라는 기대를 버리지 않는다면 자주 곤란에 빠지고 말 것입니다.

아이들의 싸움을 중재하려다 보면 부모들은 때때로 자신도 모르는 사이에 아이들의 감정을 부인하거나 어느 한 아이의 편을 들어주게 되는 경우가 있습니다. 이는 대부분의 아이들이 부모 앞에서 싸움을 하면서 부모를 서로 자신의 편으로 끌어들이려는 성향을 가지고 있기 때문입니다.

아이들의 싸움에 부모가 일일이 중재자가 되어 간섭하고, 야단을 치고, 누구의 잘잘못이 크다는 식으로 판결을 내려주게 되면 아이들의 싸움하는 버릇은 쉽사리 줄어들거나 없어지지 않습니다.

더욱이 자녀들이 미래의 삶을 영위함에 있어 반드시 필요한 능력, 즉 어떤 사람들과도 해결책을 찾으면서 서로를 이해시켜 나가는 기본적인 능력을 길러주기가 어렵습니다.

따라서 자녀들이 폭력적으로 싸우는 경우가 아니라면 부모가 힘들게 싸움을 중재하려 하지 말고, 아이들 스스로 화해할 수 있는 기회를 만들어주는 것이 좋습니다.

그리고 "넌 형한테 무슨 말버릇이 그래!"라든가 "넌 형이니까 동생한테 양보해."라는 말은 삼가는 것이 바람직합니다. 출생 순서에 따른 차별이나 일방적인 편들기는 아이들에게 상처를 주고 형제 사이의 갈등을 심화시키는 원인이 됩니다.

아이들은 형제·자매 간에 서로 질투하고, 부모의 관심을 얻기 위해 경쟁하며, 말싸움이나 주먹다짐을 할 수도 있다는 사실을 인정해야 합니다. 그리고 가능하면 아이들의 싸움에 개입하지 않는 것이 좋습니다.

부모들은 아이들이 벌이는 싸움의 유형을 파악할 필요가 있습니다. 아이들의 싸움 양상을 파악할 수 있는 한 가지 방법으로는 자녀들의 싸움에 대한 '싸움 일기'를 쓰는 것이 좋습니다. 며칠 동안만 그러한 일기를 쓰다 보면 부모가 자녀의 싸움을 객관적으로 바라볼 수 있게 되면서 전에는 미쳐 몰랐던 사실을 알 수가 있습니다. 다시 말해 아이들이 어떤 때 자주 싸움을 벌이는지, 그 이유는 무엇인지, 그리고 어떻게 하면 싸움을 자제하게 되는지 등을 알게 됩니다.

유태인들에게 있어서도 아이가 두 명 이상인 집의 가정에서 가장 자주 불거지는 문제는 자녀들 사이의 다툼이라고 할 수 있습니다. 이렇게 형제나 자매 사이의 다툼이 있을 경우 유태인 부모들이 취하는 행동은 크게 두 가지로 나뉩니다.

먼저, 유태인 부모들은 아이들의 사소한 다툼이나 싸움에는 끼어들지 않습니다. 물론 아이들의 싸움이 지나쳐서 폭력이나 물리적인 힘이 오갈 때에는 개입하여 분명하게 바로잡아 줍니다.

"집에 있는 게 어떻게 다 형 책이야?"

"전에 내 생일 때 아빠가 사다준 책이란 말이야."

"거짓말 마!"

"이 바보 녀석이?"

"엄마, 형 좀 보래요! 자꾸만 내가 보고 있는 책을 뺏으려고 해요."

"아니에요. 저건 내 책이란 말이에요."

"너희들 문제는 스스로 해결하도록 해라. 엄만 너희들이 스스로 이 문제를 해결할 수 있다고 믿는다."

유태인 아이들은 부모가 자신들의 싸움에 끼어들어 중재하지 않는다는 것을 금세 깨닫게 되기 때문에 이후로는 문제의 해결책을 스스로 찾으려는 버릇을 들이게 됩니다. 그리고 점차 싸움의 횟수도 줄어들게 될 뿐 아니라 싸움의 시간도 줄어들게 됩니다. 아울러 형제나 자매 간에 서로를 이해시키고 타협점을 찾아가는 방법을 터득하게 됩니다. 이는 자녀들이 사회생활을 해 나가는 데에 있어서도 유익하고 바람직한 습관과 능력으로 작용하게 됩니다.

그리고 두 번째로는, 형제 간에 다툴 때 도저히 저희들끼리는 결론이 나질 않고 물리적인 힘이 오고갈 기미가 보이면 유태인 부모들은 "이번에는 동생 애기를 들어 보고 누가 잘못했는지 함께 애기해 보자." 하는 식으로 중재를 하기도 합니다.

아이들은 장난감이나 옷을 서로 갖겠다고 싸우기도 하고, 부모의 애정을 더 받기 위해서도 다투곤 합니다. 아이가 울고 있으면 유태인 부모들은 일단 원인이 무엇인지 아이에게 직접 물어 봅니다.

아이가 "동생이 귀찮게 굴어요."라고 대답하면 일단 "어떻게 귀찮게 했는데?"하고 다시 물어 구체적인 대답을 기다립니다. 그리고 "블록을 쌓으면 자꾸 무너뜨려요."하고 아이가 대답하면 이번에는 동생을 불러서 동생의 생각을 들어 봅니다. 그렇다고 해서 그 다음에 "형이니까 참아라." "양보해라." 라는 식으로 문제를 해결하지는 않습니다.

유태인 부모들은 아이들이 각자의 입장을 주장하는 것을 끝까지 듣고 자기들끼리 해결해 나갈 수 있도록 정곡을 찌르는 물음만을 계속 해 나갑니다. 그리고 주먹이 오가며 싸웠을 경우에는 "사람을 때리고 힘으로 문제를 해결하려는 것은 아주 부끄러운 짓이란다."하고 엄하게 꾸짖는 것을 잊지 않습니다.

- "형은 글짓기를 잘해서 상을 받아 왔지만, 너는 노래를 잘 하잖니?"

- "언니가 혼자 방 청소를 하고 있네? 네가 도와주면 언니가 좋아할 거야."

- "네가 동생을 때리면 동생은 아프단다. 그리고 동생과 엄마 마음을 아프게 하는 거야. 그리고 너도 그런 행동을 하면 역시 마음이 아플 거란다. 그러니 동생을 때려선 안 돼."

- "동생이랑 과자를 나눠 먹으면 동생이 무척 좋아 하겠다. 엄마도 기쁘고. 맛있는 건 함께 나누어 먹는 거란다."

- "너희들이 사이좋게 노는 것을 보니 엄마는 기뻐."

- "철아, 동생 기저귀 좀 갖다 줄래? 우리 철이가 동생을 위해 이렇게 기저귀도 갖다 주고, 정말 형답구나."

- "동생은 아직 어려서 모른단다. 그러니까 네가 잘 타일러 주고 함께 놀아 주어야 하는 거야."

필요한 경우에만 물건을 사주어라

"엄마, 나 저 장난감 사줘."

"장난감 사준 지 얼마나 됐다고 또 사달라고 그러니?"

"그건 이제 시시해. 그리고 유행도 지났단 말이야. 저건 요즘 새로 나온 거잖아."

"엄마가 먼저 사야 할 것들을 사고 나서 돈이 남으면 그때 사자꾸나."

"싫어! 지금 사달란 말이야. 지금!"

"그렇게 소리를 지르면 사람들이 쳐다보잖아. 알았다, 알았어. 사줄게. 제발 조용히 하렴."

장난감 가게 앞에서 갖고 싶은 장난감을 사주지 않는다고 해서 아이가 발을 동동 구르거나 소리를 질러 당황스러웠던 경험이 엄마라면 누구나 있을 것입니다. 아예 길바닥에서 드러누워 우는 아이들도 적지 않습니다. 이럴 때 엄마들은 주변 사람들 눈치를 보랴, 막무가내인 아이를 진정시키랴 진땀을 빼게 됩니다.

아이들이라고 해서 자신만의 물건을 소유하고 싶은 마음이 없지 않습니다. 오히려 커가면서 점점 자기만의 물건을 갖고 싶어할 뿐만 아니라 갖고 싶은 것을 사기 위해 돈을 요구하기도 합니다. 초등학생 정도 되면 용돈을 주어 돈을 관리하는 법을 가르쳐야 하지만, 갖고 싶은 것이 너무나 많아지면 용돈을 모아 해결하는 데 한계가 있습니다.

그러다보니 장난감 가게, 문방구, 백화점 등 어디를 가든지 아이는 눈에 띄는 것을 사달라고 부모에게 조르기 일쑤입니다. 아이들은 여러 가지 상황을 고려하는데 미숙하고, 눈에 보이는 것은 무조건 갖고 싶은 욕망이 앞서기 때문에 소리를 지르고 떼를 써서라도 목적을 달성하겠다는 의지가 강합니다.

이럴 때 부모님들은 어떻게 해야 할지 정말 난감할 것입니다. 자녀가 원하는 대로 해주자니 버릇없는 아이가 될 것 같고 야단을 치자니 심하게 떼를 쓸 것 같고……

유태인 부모라면 어떻게 할까요?

흔히 유태인은 돈에 인색하다고 합니다. 그러나 유태인은 인색하기보다는 돈의 가치에 대해서 현실적으로 생각하며, 돈을 쓰는 방법에 대해서 궁리를 많이 합니다. 돈은 어떤 사람이 어떻게 쓰느냐에 따라 그 가치가 하늘과 땅 차이라고 생각하기 때문입니다.

유태인들은 자녀에게 처음으로 용돈을 주기 시작할 때 용돈의 일부는 반드시 저축을 하도록 가르칩니다. 그리고 반드시 "꼭 필요한 경우에만 돈을 써야 한다." 하고 말하는 것을 잊지 않습니다. 유태인 부모들이 자녀에게 용돈을 주는 목적은 경제 감각을 키워주고 저축하는 습관을 들이기 위해서입니다.

"엄마, 지난번에 주신 돈을 써도 괜찮아요?"

"꼭 필요한 일이면 쓰렴."

"친구에게 아이스크림을 사주려고요."

"그래, 친구한테 돈을 써야 한다면 그렇게 하렴. 하지만 돈을 쓸 때는 항상 마음도 함께 따라야 한다."

"네, 엄마."

유태인 아이들은 부모가 용돈을 주면 먼저 저금부터 합니다. 그리고 나중에 돈이 필요할 때는 위의 대화에서처럼 부모에게 허락을 받고 저

금해둔 돈을 찾아서 씁니다.

어려서부터 꼭 필요한 일에 돈을 쓰라고 가르침을 받았기 때문에 유태인 아이들은 필요 없는 물건을 사는 경우가 많지 않습니다. 이것은 유태인 아이들이 돈에 대한 관심이 적거나 물건에 대한 소유욕이 적어서가 아니라 어려서부터 돈에 대한 개념이나 저축에 필요성에 대해 부모로부터 자주 듣고 자랐기 때문입니다.

그러므로 대부분은 친구와 먹을 것을 사먹는다거나 가족과 친지에게 줄 선물을 살 때, 꼭 필요한 물품을 구입할 때 돈을 씁니다. 그리고 어떤 경우에도 부모들은 "돈을 쓸 때에는 반드시 그 안에 마음을 담아야 한다."는 말을 하는 것을 잊지 않습니다.

사실 아이들은 원하는 것과 필요한 것을 뚜렷하게 구별하지 못합니다. 그래서 갖고 싶은 마음을 절제하는 것에 미숙하게 마련입니다. 아이들이란 그 물건이 꼭 필요해서라기보다 예뻐서라든가 다른 아이가 갖고 있으니까 그냥 가지고 싶어하는 경우가 많습니다.

그러므로 자녀의 욕심 앞에서 부모는 신중해야 합니다. 사달라는 것은 무조건 사주거나 마지못해 아이에게 끌려가는 부모가 되어서는 안 됩니다.

자녀가 갖고 싶어하는 모든 것을 사줄 수도 없지만 그래서도 안 된다는 사실을 가르쳐야 합니다. 돈을 충분히 가지고 있더라도 필요하지 않은 물건을 사는 것은 낭비이고 옳지 않은 행위라는 것을 분명하게 알려주어야 합니다.

부모 역시 갖고 싶은 것이 있지만 다 사지 않는 이유, 필요하지 않은 것을 충동적으로 산 경험 등을 들려주는 것도 물건을 사달라고 떼쓰는 자녀의 버릇을 바로잡는 데 큰 효과가 있습니다. 이러한 대화를 통하여 아이는 공감대를 형성할 뿐만 아니라 바른 소비 의식을 키우게 됩니다.

"아이가 뭘 안다고." "그 까짓 것 하나 사주는 게 뭐 대단하다고." 하며 자녀를 무시하거나 자녀의 욕구를 그대로 따르는 부모들이 종종 있습니다. 그러나 자녀가 미래에 돈으로 인해 고통을 받지 않게 하고 싶다면 어린 시절부터 더더욱 올바른 경제 의식과 소비 습관을 형성시켜줄 필요가 있습니다.

부모님들도 물건을 구입할 때 자녀를 동반해서 충동 구매를 하지 않는 모습을 보여주어야 합니다. 가족 모두가 함께 쓸 것과 각자 필요한 물품과 그 용도를 적어두었다가 약속한 날에 함께 물건을 사러 간다면 필요 없는 물건을 구입하는 습관을 고칠 수 있을 것입니다.

다음은 돈과 관련된 유태인의 격언들입니다.

- 두툼한 돈지갑이 반드시 좋다고는 할 수 없지만, 그렇다고 빈 지갑이 좋은 것도 아니다.

- 돈 벌기는 어렵다. 하지만 돈을 쓰기는 더욱 어렵다.

- 돈은 기회를 만들어준다.

- 가난하기 때문에 바르고, 부자이기 때문에 옳지 않다고 할 수는 없다.

- 돈이란 결코 모든 것을 좋게 할 수는 없지만 그렇다고 모든 것을 썩게 하지도 않는다.

- 돈이란 인정 없는 주인이기도 하지만, 반면 유익한 심부름꾼일 수도 있다.

- 돌처럼 굳어진 마음은 황금 망치로만 풀 수 있다.

- 자기가 갖고 있는 것을 필요로 하는 사람에게 파는 것은 상술이 아니다.

- 부자를 칭송하는 사람은 그 부자보다는 돈을 칭송하는 것이다.

- 필요한 돈을 빌리는 것은 마치 가려운 곳을 긁는 것과 같다.

- 많은 것을 가진 부자에게는 자식이 없다. 단지 상속인만이 있다.

- 돈이란 선인에게는 좋은 것을, 악인에게는 나쁜 것을 안겨준다.

- 재물이 많으면 그만큼 걱정거리도 늘어나지만, 재물이 전혀 없으면 걱정거리가 더 많다.

- 돈이란 옷이 우리에게 베푸는 역할밖에는 해주지 못한다.

- 가난은 수치가 아니지만 그렇다고 명예도 아니다.

- 가난한 사람에게서 돈을 차용하는 것은 마치 추녀에게 키스하는 것과 같다.

- 남에게 돈을 빌려줄 때에는 증인을 세우고, 적선할 때는 아무도 보지 않
  는 데서 하라.

- "엄마도 너처럼 갖고 싶은 게 얼마나 많은지 아니? 그런데 생각해보니
  까 갖고 싶은 것 중에 어떤 것은 꼭 필요하지 않은 것도 있었어."
- "돈은 꼭 필요한 곳에 쓸 때 더욱 가치가 있단다."
- "돈은 사랑하는 사람들을 위해 선물을 살 수 있는 기회를 준단다."

"아까 친척들이 왔을 때 왜 그렇게 말이 없었니? 그리고 왜 자꾸 방에만 들어가 있으려고 하는 거니?"

"다 잘 모르는 사람들이니까요."

"네 또래 사촌들도 많았잖아? 네 동생은 사촌 형들과 누나들을 쫓아다니면서 노느라고 정신이 없더라. 도대체 너는 왜 그렇게 사람을 피하는 거니?"

"……."

"성격이 그래 가지고 이다음에 커서 어떻게 사회생활을 할 거니?"

친구들이나 낯선 사람들과 잘 어울리는 아이가 있는가 하면 반대로

192

유난히 낯가림이 심한 아이가 있습니다. 이런 아이들은 대부분 친구들과 잘 어울리지도 못하고 장난도 치지 않는 얌전한 성격인 경우가 많습니다.

이런 아이의 경우 별다른 사건을 일으키지 않기 때문에 어른들은 흔히 아이가 착하다며 걱정도 않고 관심도 크게 기울이지 않는 경우가 많습니다. 그러나 말썽을 자주 피우는 아이들 이상으로 이런 얌전한 아이에게 더 많은 관심을 기울여야 합니다.

그렇다고 앞의 대화에서처럼 소극적이고 낯을 가리는 자녀의 성격을 두고 부모가 자꾸 다그쳐서는 안 됩니다. 그럴 경우 아이가 점점 마음의 문을 굳게 잠그려고 하기 때문입니다.

이런 아이에게는 좀더 다양한 사회적 인간관계를 제공해주는 것이 중요합니다. 먼저 부모 이외의 친척들, 즉 할아버지나 할머니, 삼촌, 고모, 이모, 사촌들 등 다양한 세대와 만날 수 있는 기회를 마련해줌으로써 아이가 자연스럽게 인간관계를 익혀갈 수 있도록 해주어야 합니다.

유태인들에게 있어서 가족은 부모와 자녀만을 의미하지는 않습니다. 혈연으로 묶여 있는 모든 친척들을 가족의 범위에 포함시켜 생각합니다. 따라서 유태인들은 친척들끼리 매우 빈번하게 서로의 가정을 방문하여 가족으로서의 정을 돈독히 합니다.

"얘야, 이 분은 너의 둘째 삼촌이시고, 이 형은 삼촌의 아들, 그러니까 너의 사촌 형이란다. 알고 싶은 게 있으면 망설이지 말고 여쭤보렴."

"……."

"모두 한 가족이기 때문에 부끄러워하거나 어려워할 것이 없단다."

유태인의 가정도 핵가족 형태를 이루고 있지만, 이렇게 서로의 가정을 자주 방문함으로써 대가족의 유대 관계를 유지해오고 있습니다. 따라서 이러한 환경에서 자란 유태인 아이들은 자연스럽게 많은 사람들을 접촉하게 되어 밝고 사교적인 성격을 형성해나가게 됩니다.

부모의 슬하에서만 자라다 보면 부모의 영향이 너무 강해져 자녀의 성격과 사고방식이 편협해질 수 있다는 사실을 유태인 부모들은 잘 알고 있는 것입니다.

아울러 그들은 가족과 친지와의 만남만이 아닌 좀더 많은 사람들과 다양한 인간관계를 가질 때, 인간적이고 정서적인 교육 효과를 거둘 수 있으며 다양한 삶의 형태를 경험할 수 있다고 믿습니다.

내성적인 아이의 경우, 부모가 내성적이거나 사람 만나는 것을 좋아하지 않으면 자녀 역시 부모의 영향을 받아 더욱 낯가림이 심해지게 됩니다. 과잉보호를 받으며 자라난 아이의 경우나, 부모와 자녀 사이에 애정이 부족할 때에도 심한 낯가림을 보일 수 있습니다.

말수가 적은 아이일수록 대답을 강요해서는 안 됩니다. 아이가 스스로 말을 할 때까지 인내심을 갖고 편안하게 말할 수 있는 분위기를 조성해주어야 합니다. 아이에게 동화도 들려주고 일상적인 대화도 자주 나누는 등 부모님이 먼저 자녀에게 말을 많이 할 수 있는 환경을 만들어주십시오.

혹시 자녀가 이치에 맞지 않는 이야기를 하더라도 아이의 생각을 무시하지 말고, 답에 이를 수 있는 질문을 하며 관심을 보여주십시오. 이러한 방법은 말수가 적고 낯가림이 심한 자녀의 성격을 개선하는 데 많은 도움이 됩니다.

유태인들은 매사에 겁이 많은 아이에게는 늘 용기를 북돋워 줍니다. 이것은 아이와 가장 가까이 지내며 많은 시간을 보내는 엄마가 반드시 해야 할 몫이라고 생각합니다. 그래서 유태인 부모들은 아이가 실수를 하더라도 책망하기보다는 칭찬과 격려를 아끼지 않는 것입니다.

유태인 부모들은 자녀에게 다음과 같은 말을 하루에도 몇 번씩 되풀이해서 들려줍니다.

"용기를 내봐. 너는 할 수 있어."

"넌 참 용감하구나."

어른들도 처음 시도하는 일이나 한번 실패한 경험이 있는 일을 해야 할 때에는 겁을 먹게 마련입니다. 더구나 아이들은 아주 작은 일에도 겁을 먹을 수 있습니다.

이럴 때 유태인 부모들은 자녀의 옆에서 "한번 도전해봐. 넌 잘할 수 있어." "넌 용감하잖아."하며 용기를 주고 격려하는 것을 잊지 않습니다. 또 아이가 무사히 뭔가를 해냈을 때에는 "참 잘했다. 이제 다른 것도 훌륭하게 잘해낼 수 있을 거야."라고 말하며 아이를 꼭 껴안아줍니다.

- "마음에 드는 친구에게 네가 먼저 말을 걸어보렴. 틀림없이 너를 좋아하게 될 거야."
- "괜찮아. 다음에는 잘할 수 있을 거야. 너는 할 수 있어."
- "네가 좋아하는 장난감이 뭐지? 오늘 먹고 싶은 반찬을 말해볼래?"
- "엄마를 도와주다니 정말 고맙다."
- "다른 사람 앞에 나가 말하는 것은 누구에게나 정말 떨리는 일이야. 그러나 자기만의 생각을 당당히 말할 수 있는 것은 멋진 일이니까 용기를 갖고 한번 해보렴."
- "너는 잘할 수 있어. 걱정하지 마. 엄마가 응원할게."
- "엄마가 보고 싶다고 우는 것은 아가들이 하는 행동이야. 네가 즐겁게 친구들과 놀고 있으면 엄마가 저녁 일곱 시까지 꼭 돌아올 거야."

친절을 베푸는 아이로 키워라

우리 속담에 "말 한마디로 천 냥 빚을 갚는다."는 말이 있습니다. 사람과 사람 사이의 관계에서는 물질적인 것보다는 서로를 진심으로 배려해주는 친절하고 따뜻한 말 한마디가 중요하다는 뜻이 담겨 있습니다.

그런데 요즘 사람들이 살아가는 모습을 보면 다른 사람에게 친절을 베풀기보다는 자기 자신과 가족만을 생각하는 데 급급합니다.

다음 예화는 우리 주변에서 가끔 볼 수 있는 언짢은 모습입니다.

"이것보세요! 댁의 아이가 우리 아이를 밀쳐서 다리를 다쳤잖아요!"

"아니, 우리 애가 일부러 그랬어요? 애들이 놀다 보면 그럴 수도 있는 거죠."

"뭐라구요? 미안하다고 사과를 해도 마음이 시원찮을 판에 지금 말다 했어요?"

"애들이 그런 걸 가지고 뭘 사과를 해요?"

"어머, 내가 상종을 말아야지, 애, 가자!"

물론 크건 작건 어느 정도 피해를 입은 사람이면 누구나 화가 날 수 있습니다. 하지만 그 화를 누르지 못하고 그대로 드러내며 말을 퍼붓는다면 상대방에게서 되돌아오는 말이 고울 리가 없습니다. 게다가 어린 자녀들이 보고 있는 상황에서 이렇게 오간 말이 싸움으로 번진다면 과연 그 아이들이 친절의 가치와 의미를 배울 수 있을까요?

서로의 감정을 조절하며 부드러운 말을 주고받다 보면 아무리 어렵고 험한 상황도 지혜롭게 넘길 수 있다는 것을 아이에게 가르칠 수 있었을 것입니다. 그리고 남을 배려하는 마음이 얼마나 세상을 아름답고 평화롭게 만들어주는지를 느끼게 할 수 있었을 것입니다.

유태인 아이들은 어릴 때부터 친절에 대해 부모로부터 다음과 같이 배우며 자랍니다.

- 친절은 친절을 베푼 사람의 정신을 건강하게 키워준다.

- 모르는 사람에게 베푸는 친절은 천사에게 베푸는 친절과 같아서 복을 쌓

아준다.

- 인간의 가장 훌륭한 지혜는 친절과 겸허다.

- 남을 행복하게 해주는 것은 마치 향기로운 향수를 뿌리는 것과 같다.

유태인들의 이러한 속담은 남을 성심껏 배려하는 마음을 가르칩니다. 또한 이런 교육을 받은 유태인들은 어려서부터 자연스럽게 친절이 몸에 배게 됩니다. 그들은 "친절을 베풀 줄 아는 사람은 이 세상의 으뜸가는 지혜를 지닌 자이다. 그러나 이를 부정하는 자들은 신의 노여움을 사게 되어 반드시 응분의 벌을 받게 된다."라는 교훈을 자녀가 가슴 깊이 새기도록 합니다.

이처럼 유태인 부모들은 자녀를 자기만 아는 이기적인 사람으로 키우기보다는 남을 배려할 줄 아는 친절한 사람으로 키우는 것을 중시합니다.

- "엄마가 너에게 친절하게 말하면 기분이 좋지? 다른 사람들도 너와 같단다. 그러니 항상 다른 사람들에게 친절하게 대하도록 하렴."

- "네가 베푸는 친절이 바로 너의 정신과 마음을 키워주는 양식이란다."

- "다른 사람에게 친절한 말을 듣고 싶다면 네가 먼저 다른 사람에게 친절을 베풀어보렴."

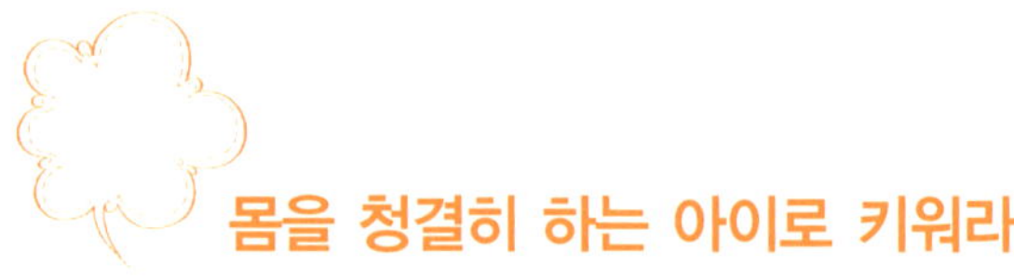

몸을 청결히 하는 아이로 키워라

"자, 잠자리에 들기 전에 양치질을 하고 몸을 깨끗이 씻어야지?"

"아까 밥 먹기 전에도 손 씻었잖아요?"

"식사 전에 손을 씻는 건 기본이고 자기 전에 다시 깨끗이 씻고 자야지."

"엄마는 왜 우리한테 씻으라고만 해요? 아침에도 씻으라고 하고, 학교 갔다 와서도 씻으라고 그러고……. 만날 씻는데 한번쯤 안 씻으면 좀 어때요?"

아이들은 대개 씻기를 귀찮아합니다. 더욱이 부모들은 자녀에게 씻으란 말은 거의 명령하듯 하는 경우가 많기 때문에 아이들은 더더욱 씻기를 싫어하게 됩니다.

자녀들이 항상 몸을 청결히 하기 바란다면 무조건 씻으라고만 할 것이 아니라 아이들에게 자주 씻어야 하는 이유와 몸을 깨끗이 하면 어떤 점이 좋은지를 가르쳐주어야 합니다. 일상생활을 해나가는 데 있어서 자녀들에게 청결을 가르치는 것은 매우 중요합니다.

위생상 중요하기도 하지만 언제나 자신의 몸을 청결히 하여 단정한 모습으로 다른 사람을 대하는 것은 최소한의 예절이기 때문입니다.

우리나라 사람들은 예로부터 중요한 일을 앞두고 '목욕재계' 라는 것을 했습니다. 이는 대개 초월적인 존재를 향해 자신의 소원이 이루어지도록 지성을 다해 빌기 전에 행하는 의식입니다. 신에게 기도드리기 전에 먼저 자신의 몸을 청결히 하는 것이 신의 영험을 빌릴 수 있는 최소한의 준비이며, 신에 대한 기본적인 예의라고 믿었기 때문입니다.

몸을 자주 씻어 청결을 유지하는 생활을 습관화하면 질병을 예방할 수가 있습니다. 또 깔끔하고 단정한 모습은 누구에게나 좋은 느낌을 줄 수 있습니다. 아울러 청결의 생활화는 정결하고 경건한 마음을 가지고 사람이나 사물을 대할 수 있게 해줍니다.

이런 이유와 더불어 종교상의 이유 때문에 유태인들은 어린 시절부터 청결에 대한 교육을 철저하게 받으며 자라게 됩니다.

“애들아, 이 세상에서 가장 좋은 일을 하자.”

“그게 뭔데요. 엄마?”

“밥을 먹기 전에 손을 깨끗이 씻는 것이란다.”

“그게 어째서 세상에서 가장 좋은 일이에요?”

“왜냐하면 하나님께 의식을 드리기 위한 마음의 자세를 갖추는 일이거든. 우리 민족에게 손을 씻는 행위가 곧 하나님을 대하는 경건한 의식이기 때문에 결코 잊어서는 안 된단다.”

“우리가 손을 깨끗이 씻으면 정말로 하나님이 좋아해요?”

“그럼! 하나님은 너희들이 집안 청소를 하거나 교회를 깨끗이 하는 것도 좋아하시지만, 너희들이 자신의 몸을 청결히 하는 것은 더 좋아하신단다.”

“하나님은 왜 우리가 깨끗이 씻는 걸 좋아하시는 거예요?”

“먼저 자신의 몸을 깨끗이 하는 것이 선행의 시작이라고 생각하시기 때문이란다.”

“엄마, 손을 깨끗이 씻으면 하나님이 나를 더욱 좋아하나요?”

“그럼!”

“엄마, 나 얼른 씻을래요!”

이처럼 유태인들이 신성하게 생각하는 손을 씻는 의식은 단지 식사

때만 지켜지는 것이 아닙니다. 유태인들의 교회에 가보면 출입구에 반드시 물을 담아놓은 그릇이 놓여 있습니다. 교회에 오는 사람들은 반드시 그곳에서 손을 씻은 다음 들어가야 합니다. 먼저 손을 씻음으로써 마음을 더욱 경건하고 깨끗하게 정화시키는 것입니다.

자녀에게 청결의 중요성을 가르치고 싶다면 먼저 그 의미를 가르쳐주는 게 무엇보다 중요합니다.

- "밖에서 돌아오면 손발은 깨끗이 씻어야 해. 그렇지 않으면 나쁜 병균이 네 몸에 들어가 너를 아프게 할 거야."
- "이를 닦지 않으면 이가 썩게 된단다. 그러면 이가 아프게 되고 맛있는 음식도 마음껏 먹을 수가 없단다."
- "착한 일을 하고 싶다면 먼저 자신의 몸부터 깨끗이 씻어야 한단다. 몸이 청결하면 다른 사람에게 좋은 느낌을 줄 수 있고, 그것은 곧 착한 일을 하는 것과 마찬가지야. 그리고 청결은 몸과 마음의 건강을 지켜주는 소중한 행동이란다."

프로그램을 선별하여 텔레비전을 시청하게 하라

"텔레비전 그만 보고 이제 자야지?"

"……."

"엄마 말 안 들려? 자라고 했잖아."

"으응? 조금만 더 보고 잘게. 이것만 보고."

"안 돼! 도대체 몇 시간째니?"

"아빠도 아직 텔레비전 보고 있잖아! 왜 나한테만 그래?"

"아빠는 어른이잖아, 넌 어린애고."

"쳇, 그런 경우가 어딨어?"

우리들이 어릴 적에는 바깥에서 친구들과 어울려 노는 것이 놀이의 전부였지만, 요즘 아이들은 텔레비전이나 비디오, 컴퓨터 등에 몰두하며 혼자서 노는 시간이 많습니다. 특히 텔레비전은 모든 가족이 보는 것이라 부모들은 아이에게 어떻게 텔레비전 시청 지도를 해야 할지 고민을 많이 하게 됩니다

더군다나 요즘의 방송 프로그램들 중에는 어린 자녀들이 함께 보기에는 부적절한 장면들이 수시로 등장합니다. 비도덕적이고 선정적이거나 폭력적인 장면들, 비정상적인 관계를 다루는 것들이 많아 가치관이 정립되지 않은 어린 자녀에게 부정적인 영향을 미칠 수가 있습니다.

유태인들은 대체로 저녁 일곱 시 전까지를 자녀들의 텔레비전 시청 시간으로 정해놓고 있습니다. 그러니까 텔레비전에서 어린이 프로그램이 끝나고 어른을 위한 프로가 시작되기 전까지로 시청 시간을 엄격하게 제한하는 것입니다. 만일 그 시간을 넘어서까지 아이가 텔레비전 앞을 떠나지 않을 때에는 아무 말 없이 텔레비전을 꺼 버립니다.

그러면 유태인 아이들은 별 두정을 부리지 않고 텔레비전 앞을 떠납니다. 물론 이것은 사전에 부모와 자녀가 함께 그 같은 약속을 했기 때문에 가능한 것입니다.

그러나 부모들은 늘 텔레비전에 빠져살면서 아이들에게만 시청을 제한한다면 유태인 아이들도 불만을 가질 수 있습니다. 하지만 유태인 부모들은 자신들도 텔레비전 시청을 그리 즐기지 않습니다.

자녀들에게 텔레비전 시청을 엄격하게 제한하는 유태인 부모들도 다큐멘터리나 역사물 등은 아이들이 자주 볼 수 있게 해줍니다. 다큐멘터리나 역사물은 사실과 현실에 바탕을 두고 있는 유용한 프로그램이라고 생각하기 때문입니다. 다시 말해 그러한 프로들은 아이들에게 삶의 진실을 보여준다고 믿기 때문입니다.

유태인들은 텔레비전을 시청하고 나면 그것에 대해 반드시 대화와 토론을 나눕니다. 자녀에게 텔레비전을 시청을 허용하되 그것을 이용해 부모와 자녀가 대화를 나눌 수 있는 이야깃거리를 만들어내는 것입니다.

이제 우리 아이들에게 텔레비전은 무조건 막아서 해결될 매체만은 아닌 것 같습니다. 오히려 좋은 프로그램을 선택해 아이들에게 보여줌으로써 상상력과 사고력을 자극하는 유용한 수단으로 이용해야 할 것입니다. 그리기 위해서는 텔레비전을 통해 아이의 지적 능력과 감성을 어떻게 향상시킬 수 있을지를 고민해야 합니다.

아이들은 옳은 것과 옳지 못한 것, 현실적인 것과 허황된 것을 구분하지 못한 채 모든 것을 스펀지처럼 받아들이거나 쉽게 믿어버립니다. 더구나 본 것을 그대로 흉내 내고 싶어하는 호기심 또한 강하기 때문에 텔레비전을 시청할 때는 부모가 항상 곁에서 설명을 해주고 아이에게 판단할 수 있는 능력을 키워주어야 합니다.

아울러 유익한 프로그램일지라도 그냥 보여주기만 하지 말고 부모가 함께 보면서 그 내용에 대해 좀 더 깊이 있는 생각과 비평을 할 수 있도록 도와주어야합니다.

- "오늘은 어떤 프로그램을 볼까? 두 기지만 골라볼래?"

- "네가 그 프로그램을 왜 보아야 하는지 이유를 말해보렴."

- "네가 저 만화의 주인공이라면 어떻게 하겠니?"

- "텔레비전을 너무 늦게까지 보면 안 돼. 왜냐하면 텔레비전에서는 몸에 좋지 않은 전자파가 나와서 눈을 피곤하게 만들기 때문이야."

- "이 프로그램은 보지 않는 것이 좋겠다. 이건 어른들을 위한 프로그램이기 때문에 아이들에게는 도움이 안 되거든."

명령과 비판보다는 설득과 칭찬을 이용한다

이솝 우화 중에 '햇님과 북풍'의 이야기가 있습니다. 서로 자기가 더 힘이 세다고 자랑하던 햇님과 북풍은 누가 더 센가를 겨루기 위해 지나가는 나그네의 옷을 벗기기로 내기를 하였습니다. 북풍은 춥고 거센 바람을 힘껏 불어보았지만, 나그네는 옷깃을 더 꼭 여미었습니다. 반면 햇님이 따사로운 햇살을 비추자 더위를 느낀 나그네는 얼른 옷을 벗어 햇님은 아주 수월하게 이겼다는 우화를 다 아실 것입니다.

자녀와 대화를 하는 현명한 유태인 부모는 바로 햇님처럼 이야기합니다. 상처를 주어 마음의 옷깃을 더 여미게 하는 명령과 비판보다는, 마음을 어루만져주고 동기를 부여해주는 설득과 칭찬을 더 많이 해줍니다.

명령은 일방적인 화법이므로 기본적으로 상대를 무시하거나 아래로 보고 지시하는 말투입니다. 아무리 어린 자녀일지라도 부모의 일방적인 명령에는 반발심을 느끼게 마련입니다. 자녀의 부적절한 행동이나 생각을 올바르게 이끌어주고 싶다면 명령하듯 말하지 말고 "～하면 어떻겠니?" "～하면 엄마 마음이 더 기쁘더구나."라고 설득하듯 말씀해보십시오.

또 냉철한 비판은 적당한 스트레스와 강한 자극을 준다며 자녀들의 행동이나 사고에 대해 신랄한 비판을 주저하지 않는 부모들이 있습니다. 그러나 어린 자녀일수록 비판을 감정적으로 받아 들여 마음에 상처를 입기 쉽습니다. 자녀에게 부모는 최후까지 자신을 믿어주는 영원한 지지자가 되어야 합니다. 자녀에게는 다른 사람들이 아무리 비난할지라도 자신의 부모만은 감싸주었으면 하는 마음이 있습니다. 자녀가 부족해

보일지라도 늘 포용하는 마음으로 바라보고 칭찬을 아끼지 마십시오.

하지만 뭘 칭찬해야 할지 모르겠다고 하시는 부모님들이 많습니다. 그럴 때는 칭찬을 거창하게 생각하지 말고 일상적인 대화의 소재로 삼아보십시오. 작은 행동, 기분 좋은 말 한마디, 따뜻한 표정 하나 모두가 칭찬할 만한 것들입니다.

이를테면 아침에 깨우지 않아도 일어난다면 그것만으로도 칭찬받을 만합니다. 어른이 되어도 혼자 일어나지 못하는 사람이 얼마나 많은가요? 또 어른들에게 인사를 잘하는 점, 전기나 수돗물을 아껴 쓰는 점, 식사 때 밥을 남기지 않고 깨끗이 먹는 점, 몸을 항상 청결하게 하는 점, 욕설이나 미운 말을 쓰지 않는 점, 어린 동생을 잘 돌보는 점, 친구들에게 인기가 많은 점 등등 생각해보면 칭찬할 것들이 정말 많지 않은가요?

내 아이를 내가 먼저 예쁘게 보지 않으면 누가 알아주겠습니까? 좋은 점이 많은 아이인데도 부모의 편협한 시각이나 지나친 욕심 때문에 다른 장점들은 제대로 인정받지 못하는 경우가 많습니다. 단지 공부를 못한다는 이유만으로 무수한 장점이 폄하된다면 한 아이의 인생에 너무나 큰 못을 박는 결과를 낳을 수 있습니다. 마찬가지로 공부를 잘하니까, 얼굴이 예쁘니까, 하나밖에 없는 귀한 자식이니까와 같은 특정한 이유 때문에 다른 단점과 고쳐야 할 점들을 눈감아주어서도 안 됩니다.

칭찬을 받는다는 것, 칭찬을 한다는 것은 사람과 사람의 관계를 믿음과 사랑의 관계로 맺어줍니다. 그리고 그 관계는 한 사람의 인생에 튼튼한 동아줄이 되어줍니다. 자녀의 하루를 칭찬으로 열어주십시오. 반드시 놀라운 일이 생길 것입니다.

제5장

세계의
리더를 키운
유태인 부모의
대화법

스티븐 스필버그의 어머니

"네가 하고 싶은 것을 하렴"

〈ET〉〈조스〉〈쉰들러 리스트〉〈쥐라기 공원〉 등 전 세계 사람들을 열광하게 만든 최고의 흥행 영화들을 제작·감독한 스티븐 스필버그. 그는 1946년 12월 미국 신시내티에서 유태인 가정의 장남으로 태어났습니다.

그의 어머니 리아는 아마추어 피아니스트였으며 아버지 아놀드는 컴퓨터를 설계하는 전기 기술자였습니다. 스필버그는 어렸을 때 걸핏하면 학교에 가지 않았습니다. 공부도 못했을 뿐만 아니라 운동에도 소질이 없었으며, 용모에도 자신이 없었습니다. 게다가 유태인이라고 따돌림을 받았기 때문에 늘 열등감에 싸여 있었습니다.

그런 스필버그를 이해해준 것은 그의 어머니였습니다.

“어머니, 필름 편집 때문에 학교에 갈 수가 없어요.”

“학교에 가기 싫으니?”

“예……. 사실 학교 공부보다는 다른 일을 하는 게 더 즐겁고 제게 잘 맞는 것 같아요.”

“네가 학교에 가고 싶지 않다는데 무조건 학교에 가라고 하지는 않겠다. 대신에 무엇을 하든 열심히 하기만 하렴. 억지로 학교에 다닐 필요는 없단다. 나는 네가 남들과 똑같은 것을 배워 똑같은 사람이 되는 것은 원치 않는다. 네가 원하고, 네가 정말로 잘할 수 있다고 생각되는 일을 한다면 그걸로 만족한단다.”

어머니는 학교에 가기 싫어하는 스필버그를 이해해주는 유일한 사람이었습니다. 그래서 스필버그가 학교에 가기 싫어하는 날에는 선생님 앞으로 “스티븐이 아파서 학교에 갈 수가 없습니다.”라고 편지를 보내곤 하였습니다.

심지어 스필버그가 학교에 가기 싫어 꾀병을 부리는 것을 알면서도 모른 체한 적도 있었습니다. 훗날 스티븐 스필버그는 이 사건에 대해 “어머니를 내 방으로 부른 뒤 끙끙 앓는 소리를 냈어요. 그러면 어머니는 그에 장단을 맞춰 ‘열이 높구나. 오늘은 학교에 가지 말고 집에서 쉬도록 해라.’ 라고 말씀하셨지요.”하고 회상했습니다.

어머니는 열등감에 사로잡혀 있는 아들을 자상한 배려와 따뜻한 사랑으로 감싸주고 격려해주었습니다. 그리고 스필버그의 독창성과 개성을 믿고 그가 원하는 방향으로 나아갈 수 있도록 적극적으로 도와주었습니다.

스필버그의 어머니는 자신의 아이가 다른 아이와 똑같이 공부하고, 똑같이 살기를 바라지 않았습니다. 대신 개성을 살려 자기가 바라는 일을 할 수 있기를 원했던 것입니다. 그렇기 때문에 스필버그의 어머니는 그에게 "안 돼."라는 말을 절대 하지 않았다고 합니다.

스필버그는 어린 시절 무척이나 별난 아이였습니다. 그의 방에는 항상 여러 마리의 새가 정신없이 날아다녔으며 영화 필름과 카메라가 어지럽게 널브러져 있었습니다. 스필버그는 자기 방에 들어가 몇 시간씩 시나리오를 쓰거나 영화 장면을 그리기도 하였습니다.

그러나 스필버그의 어머니는 그러한 아들에게 한 번도 새를 새장에 가두라고 하거나 방을 치우라고 꾸짖지 않았습니다. 그녀는 오히려 방을 깨끗이 치우는 것이 아들의 창의력과 상상력에 방해가 된다고 생각하고 일주일에 한 번씩 아들이 없는 시간에 청소하였습니다.

이러한 독특한 교육법은 스필버그가 세계사에 길이 남을 우수한 영화를 만들 수 있는 원동력이 되었습니다. 어머니의 지원에 힘입은 스필버그는 열두 살 때부터 영화감독이 되기로 결심하고 가족과 친구들을 동원하여 영화 만들기를 시작하였습니다. 그 후 캘리포니아 주립대학에 입학하여 단편영화 〈앰블린〉을 만들었고, 이것이 영화 제작사들의 눈에 띄어 공식 데뷔를 하게 되었습니다.

이후에 영화 〈조스〉가 흥행에 크게 성공하면서 전 세계적으로 유명해진 그는 〈쥐라기 공원〉〈라이언 일병 구하기〉〈인디애나 존스〉〈칼라 퍼플〉〈쉰들러 리스트〉〈태양의 제국〉과 같은 주목받는 영화들을 탄생시킴으로써 세계적인 감독이 되었습니다.

찰스 스펜서 채플린의 어머니

"큰 배우가 되려면 공부를 해야 한다"

배우로, 감독으로, 시나리오 작가로 독자적인 경지를 개척한 찰스 스펜서 채플린은 1889년 4월 런던의 람베스라는 빈민가에서 태어났습니다.

그의 아버지 찰스는 뮤직홀의 배우였으며 어머니 한나는 극단의 배우였습니다. 그러나 아버지는 채플린이 아주 어릴 때부터 어머니와 별거 상태로 지내다 서른여덟 살의 젊은 나이에 세상을 떠났습니다. 아버지가 가정을 돌보지 않았기 때문에 어머니 한나는 삯바느질로 생계를 유지해야 했습니다. 채플린의 가정 형편은 몹시 어려웠고 구걸을 하면서 비참하게 생활했습니다.

이렇게 불우한 가정환경이었지만 어머니 한나는 자녀들에게 언제나 강인한 모습을 보여주었습니다.

"이제부터 우리는 더 강하게 살아야 한다. 더 부지런하고 더 지혜롭게, 그리고 서로를 사랑하며 살아야 한다."

그녀는 자녀들에게 무언극의 춤을 가르쳐주었습니다. 이것은 아들 채플린에게서 일찍이 예술적 재능을 발견했기 때문이었습니다. 생활고에 시달리는 그녀에게 아들의 춤과 연극을 지켜보는 것은 유일한 즐거움이었습니다.

"찰리, 연극을 하는 게 좋으니?"

"네. 연기를 하고 있으면 신이 나요. 꼭 다른 사람이 된 것 같고 즐거워요."

채플린의 어머니는 아들에게 배우 기질을 발견하고 매우 기뻐하였으며 그가 배우로서 성공할 수 있기를 바랐습니다. 그녀는 주연급 배우는 아니었지만 자신이 가르칠 수 있는 연기의 이론과 실기들을 모두 아들에게 전수해주려고 노력하였습니다. 채플린의 어머니는 생계를 잇기 어려울 만큼의 생활고에 시달렸지만 아들 채플린의 연기 교육에는 시간과 노력을 아끼지 않았습니다.

훗날 채플린은 자서전에서 "어머니는 대단한 재능을 가진 배우였으며, 나에게 관찰력과 팬터마임 솜씨를 물려주었다."고 기록하고 있습니다.

채플린이 첫 무대에 오른 것은 다섯 살 때였습니다. 어머니 한나가 갑자기 목소리가 나오지 않아서 그녀를 대신해 어린 채플린이 무대에 오른 것입니다. 그 후에도 채플린은 종종 엑스트라로 무대에 올랐으며 작은 배역이었지만 훌륭히 역할을 소화해냈습니다.

채플린의 연기력은 점점 빛을 발하게 되어 몇 년 후 〈셜록 홈즈〉라는 연극의 주인공을 맡게 되었습니다. 첫 주인공을 맡은 채플린은 말할 수 없이 기뻤지만 한 가지 걱정이 생겼습니다. 그것은 그가 글을 읽을 줄 모른다는 사실이었습니다. 지금까지의 배역은 단역이라 글을 몰라도 감독과 배우들이 읽어주기만 해도 대사를 외워서 무대에 오를 수 있었지만, 이번에는 그런 방법이 통하지 않았던 것입니다. 그리하여 그는 어머니에게 도움을 청했습니다.

"어머니, 제가 드디어 연극의 주인공을 맡았어요."

"오, 정말이니? 이렇게 좋을 수가! 난 네가 훌륭하게 해내리라 믿어."

"그런데 어머니, 제가 글을 읽을 줄 모르잖아요. 제가 대사를 빨리 익힐 수 있도록 어머니가 대사를 읽어주세요."

"찰리, 글을 모르면 훌륭한 배우가 될 수 없단다. 이제부터라도 조금씩 글을 가르쳐줄 테니 열심히 배워보렴."

채플린은 어머니의 설득으로 글을 배우게 되었습니다. 글을 읽고 쓸 수 있게 된 그는 남들보다 더욱 빠르고 정확하게 대사를 외울 수 있게 되었으며, 연기력도 점차 성숙해졌습니다.

채플린은 열여덟 살 때 형 시드니의 소개로 카노 극단에 입단하여 직업배우로서 일하게 되었습니다. 그는 어머니와 떨어져 북부 지방의 광산촌을 순회 공연하면서 많은 어려움을 겪었습니다. 그러나 힘겨운 순간이면 항상 "찰리, 너는 세계를 사로잡는 대배우가 될 수 있어. 나는 너를 믿는다."라고 격려해주었던 어머니의 말씀을 기억해내곤 다시 한 번 용기를 낼 수 있었습니다.

채플린이 세계인을 웃긴 희극인으로, 또한 영화 예술의 개척자로 세계의 영화예술사에 기록될 수 있었던 것은 바로 어려웠던 시절 옆에서 항상 지켜보며 용기를 북돋워 준 어머니 한니가 있었기 때문입니다.

피터 드러커의 아버지

"다양한 사람들을 만나보렴"

피터 드러커는 많은 지식인들을 비롯해 기업의 경영자들과 일반 대중에게 존경을 받으며 현대 경영학의 아버지라고 추앙받는 인물입니다. 그가 많은 사람들에게 존경을 받는 이유 중 하나는 20세기 후반의 많은 변화들을 예측하며 시대를 앞서가는 탁월한 통찰력을 보여주었기 때문입니다.

피터 드러커가 가진 통찰력의 원동력은 사회, 역사, 문화에 대한 해박한 지식입니다. 그의 해박한 지식은 어렵게만 받아들였던 경영학을 대중적으로 쉽게 풀어 주었으며, 기업을 경영하고 자기관리를 하는 데 큰 도움을 주고 있습니다. 그리고 그런 지식은 세상에 대한 호기심과 인간에 대한 관심으로부터 시작되었습니다.

피터 드러커는 1909년 오스트리아 빈에서 공무원인 아버지와 의사인 어머니 사이에서 태어났습니다. 그 당시 오스트리아 빈은 예술과 학문 분야에서 부흥기를 누리고 있었던 시기였습니다.

드러커의 아버지는 당시 지식인들의 모임이 있을 때면 어린 피터 드러커를 데리고 가곤 했습니다. 그의 아버지가 어린 드러커를 굳이 함께 동행했던 것은 다양한 분야의 사람들을 만나게 함으로써 사람과 지식에 대한 호기심을 키워주기 위해서였습니다.

모임이 있는 날이면 아버지는 드러커에게 모임에 나가는 이유에 대해서 설명해 주곤 하셨습니다.

"드러커, 아버지가 너를 모임에 데려가는 이유를 알고 있니?"

"글쎄요. 잘 모르겠어요."

"사물에 대한 통찰력을 가지려면 많은 노력이 필요하단다. 그런데 그 노력의 시작은 딱 한가지로부터 시작한단다."

"한 가지요? 그게 뭐죠?"

"사람에 대해서 관심을 갖고 관찰하는 데서 시작하는 거란다. 나는 네가 다양한 사람들을 만나면서 호기심을 느끼고 관찰력을 키웠으면 하고 바란단다."

"네, 아버지. 저도 사람들을 만나고 관찰하는 것이 좋아지기 시작했어요!”

“그래, 바로 그런 감정이 중요한 거야. 너의 통찰력은 호기심을 갖고
다양한 사람들을 만나면서 성장한다는 것을 잊지 않길 바란다.”

아버지의 이러한 교육철학 덕분에 어린 드러커는 프로이트, 폰 미제
스, 토마스 만 등 당대의 명망 있는 음악가, 미술가, 소설가, 경제학자
등을 직접 만날 수 있었습니다. 이런 만남이 드러커의 지적 호기심을 자
극했고 사물을 보는 관찰력을 갖추는데 큰 힘이 되었습니다.

피터 드러커는 “어려서부터 사람들을 많이 만나고 관찰하는 것을 좋
아하게 됐다.”고 말한바 있습니다. 그는 다양한 사람들을 만나 그들과
관계 맺으면서 수많은 경험을 쌓았고 그렇게 훈련된 관찰력은 미래를
예견하는 통찰력으로 발전해 나갈 수 있었습니다. 그리고 그런 만남을
통해 지적 호기심을 갖게 되었습니다. 그는 법학, 역사, 경제학, 사회학
등을 두루 섭렵했고 음악과 미술에도 높은 수준의 지식을 갖추기 위해
노력했습니다.

독일 함부르크 대학 법학부를 거쳐 프랑크푸르트 대학에서 국제법과
공법 전공으로 박사학위를 취득한 피터 드러커는 2차 세계대전의 격변
기를 겪으며 1937년 미국에 정착하면서 본격적인 저술활동을 펼쳤습니
다. 그리고 기업의 현장을 찾아다니면서 연구에 매진한 것으로 잘 알려

져 있습니다.

피터 드러커가 가진 미래 사회에 대한 탁월한 통찰력은 인간에 대한 관심으로부터 시작해 지식을 쌓은 결과라고 할 수 있습니다. 아버지의 적극적인 가르침이 없었다면 우리 시대 가장 존경받는 경영학자는 탄생하지 않았을지도 모릅니다.

토마스 만의 어머니

"엄마가 책 읽어줄게"

"오늘 엄마가 해준 이야기, 재미있었니?"

"네, 그런데 너무 슬픈 이야기예요."

"네가 이 이야기를 지은 사람이라면 어떻게 글을 썼을 것 같니?"

"주인공이 죽지 않고 행복하게 살 수 있도록 했을 거 같아요."

"그래? 왜 그렇게 쓰고 싶은 거지?"

"주인공은 착한 사람이잖아요. 착한 사람에게 좋은 일이 일어나야 많은 사람들이 감동을 받고 본받을 것 같아요."

어린 시절의 토마스 만과 그의 어머니는 자주 이런 대화를 주고받았습니다.

토마스 만은 노벨 문학상을 수상한 독일의 대표적인 작가로 〈마의 산〉이라는 소설로 우리나라 사람들에게도 잘 알려져 있습니다. 아울러 나치스에 저항한 의식 있는 작가로도 유명합니다.

토마스 만은 1875년 독일 뤼벡의 부유한 곡물상 집안의 둘째 아들로 태어났습니다. 토마스 만의 아버지는 부유한 사업가이자 정치가였습니다. 그의 아버지는 전형적인 유태인답게 이성적이고 합리적인 성격의 소유자였기 때문에 〈탈무드〉에 기초한 유태인식 교육을 언제나 강조했습니다.

반대로 토마스 만의 어머니는 감성적이고 낙천적인 기질을 가진 사람이었습니다. 토마스 만의 어머니 율리아는 사업가이자 정치가인 남편 때문에 접대와 사교로 연일 바쁜 나날을 보냈습니다. 그러나 아무리 피곤해도 잊지 않고 하는 일이 있었으니, 그것은 매일 저녁 자녀들에게 책을 읽어주는 것이었습니다. 이것은 베갯머리에서 행하는 독서 지도를 자녀 교육의 으뜸으로 여기는 유태인의 교육적 전통에 따른 것입니다.

토마스 만의 어머니는 저녁이면 자녀들을 불러놓고 재미있는 옛날이야기와 동화, 위인전 등을 들려주었습니다. 또한 자녀들에게 이야기를 새롭게 엮어보게 하거나 나름대로 생각을 말하게 함으로써 상상력과 비판 의식을 북돋워 주었습니다. 또한 베갯머리 이야기를 통해 어린 자녀들에게 상상력과 꿈, 낙천적 성격, 그리고 예술가의 기질을 불어넣을 수 있다고 믿었습니다.

이처럼 토마스 만의 어머니는 단지 책만 읽어주는 것이 아니라 책을 통해 문학에 대한 갈망과 성숙한 정신을 길러준 것입니다. 매일 자녀들에게 책을 읽어주었던 어머니의 노력은 훗날 토마스 만은 물론, 두 명의 형들도 모두 작가로 탄생시키는 훌륭한 결과를 낳았습니다.

토마스 만이 열다섯 살이 되던 해, 갑자기 아버지가 세상을 떠나게 되었습니다. 아버지가 세상을 떠나자 넉넉했던 집안이 점차 기울었습니다. 그러나 토마스 만의 어머니는 이에 굴하지 않고 꿋꿋하게 자녀들을 키웠습니다.

어느 날 토마스 만은 자신의 장래에 대하여 어머니와 의논을 했습니다.

"어머니, 저는 작가가 되고 싶어요."

"그래? 네가 원하는 일이라면 엄마도 찬성이야. 장사를 해서 많은 돈을 버는 것도 좋지만, 네 적성에는 글을 쓰는 게 더 맞을 것 같구나. 이왕 시작할 거라면 열심히 하렴."

"그러나 어머니, 제가 글을 쓰게 되면 많은 돈을 벌지 못 할 거예요. 지금 우리 가정 형편이 어려운데, 괜찮을까요?"

"걱정하지 마라. 집안 살림은 내가 꾸려나갈 테니 너는 네가 하고 싶

은 것을 하렴. 세상에서 가장 중요한 것은 돈이 아니라 자신의 꿈이란
다. 사람은 자기가 하고 싶은 일에 최선을 다할 때 가장 빛나는 실력과
영감을 발휘할 수 있단다.”

토마스 만은 어머니의 적극적인 지지에 힘입어 열심히 습작 활동을
하였으며, 그의 어머니는 가장 훌륭한 독자이며 후원자가 되었습니다.
어머니의 후원에 힘을 얻은 토마스 만은 〈부덴브로크가(家)〉〈베네치아
에서의 죽음〉〈마의 산〉 등의 뛰어난 소설들을 발표하였으며, 1929년에
노벨 문학상을 수상했습니다.

세계적인 명성을 지닌 작가 토마스 만이 대성하게 된 데에는 밤마다
자녀들에게 이야기를 들려준 어머니의 사랑과 냉철한 이성에 토대를 둔
도덕의 실천을 강조했던 아버지의 엄격한 가르침이 있었기 때문입니다.
어머니가 물려준 낙천적이고 자유분방한 상상력과 예술가의 기질에 아
버지가 물려준 이지적이고 도덕적인 현실 감각이 보태짐으로써 가능했
던 것입니다.

"너는 황금만큼 귀한 아이란다"

"어머니로부터 무조건적인 총애를 받은 자녀는 당당한 자긍심을 가질 수 있으며, 훗날 성공할 수 있는 힘을 얻게 될 것이다."

이 말은 세계적인 심리학자이며 정신분석학의 창시자인 지그문트 프로이트가 한 말입니다. 그는 어린 시절, 돌출적인 행동 때문에 주변 사람들로부터 눈총을 받곤 했지만 어머니의 지극한 사랑으로 위대한 학자로 성장할 수 있었습니다.

프로이트는 1856년 체코의 프라이베르크(당시 오스트리아의 땅)에서 양모 판매상의 아들로 태어났습니다. 그의 아버지 야곱은 매우 엄격하고 가부장적인 유태인이었습니다. 야곱은 재혼을 하여 프로이트를 낳았는데, 그는 프로이트보다 전처의 아들을 더 사랑하였기 때문에 프로

228

이트에게는 별다른 애정을 보이지 않았습니다. 그래서 프로이트는 아버지의 사랑보다는 어머니의 사랑에 의지하며 자랐습니다.

어머니 아말리 나탄존 프로이트는 항상 다정하고 온화하게 아들을 대했습니다. 그녀는 '아들이 훌륭하게 자라나 세상에 필요한 사람이 되기를 기원하는 마음'과 '유태인 어머니의 지혜'를 가지고 있는 사람이었습니다. 프로이트의 어머니는 언제나 아버지의 사랑에 목말라하는 그에게 따뜻하고 깊은 관심을 보여주어 부족한 아버지의 사랑을 채워주려고 애썼습니다.

프로이트는 어린 시절 부모의 침실을 향해 소변을 보는 버릇이 있었습니다. 그럴 때마다 아버지는 "너는 어째서 네 조카보다도 못한 행동을 하는 거냐."라며 어린 조카들과 그를 비교하며 심하게 꾸짖었습니다. 아버지에게 꾸중을 들을 때마다 어머니는 "애야, 훌륭하게 될 사람은 울지 않는 거란다." "너는 큰 인물이 될 거야."라고 위로해주고 따뜻하게 감싸주었습니다.

아버지에게 사랑받지 못하는 아들을 위하여 어머니는 현명한 사람만이 웃을 수 있다는 것을 항상 강조하며, 프로이트가 웃음과 여유를 잃지 않는 사람이 되도록 자신감을 북돋워 주는 이야기를 많이 들려주었습니다.

어린 프로이트는 모든 사물에 호기심을 가지고 있었기 때문에 어머니에게 많은 질문을 하였습니다. 그때마다 어머니는 귀찮아하지 않고 열심히 아들의 지적 호기심을 채워주기 위해 대화의 상대가 되어주었습니다.

프로이트는 어린 시절, 나치스의 박해를 피해 그의 가족들과 빈으로 이주하였습니다. 그때 그의 가족은 경제적인 어려움 때문에 방 두 칸짜리 좁은 아파트에서 살아야 했습니다. 어려서부터 공부를 좋아하고 무슨 일이든 열심히 했던 프로이트는 어머니의 사랑과 깊은 배려로 독방을 사용할 수 있었고 가족들이 촛불을 사용할 때에도 기름등잔을 켜놓고 공부할 수 있었습니다. 그러나 이러한 어머니의 특별한 배려는 비단 프로이트뿐만 아니라 모든 자녀들에게 골고루 돌아갔기 때문에 다른 자녀들은 프로이트가 독방을 쓰거나 기름등잔을 사용해도 불평하지는 않았습니다.

열일곱 살이 되던 해에 프로이트는 빈 대학에 입학하였습니다. 아버지의 권유로 의대에 진학하였으나 프로이트는 개업의가 되는 것은 거부하였습니다. 프로이트의 어머니는 항상 아들을 향해 "나의 황금 같은 아들아."라고 불렀으며 "프로이트, 네가 개업의가 되기 싫다면 네가 원하는 일을 찾아서 하렴. 네가 무엇이 되든지 어머니는 변함없이 너를 사랑하고 믿는단다." 라고 격려해주었습니다.

프로이트는 어머니의 응원에 힘을 얻어 자신이 하고 싶어하는 일에 전념할 수 있었으며, 인간의 뇌의 구조와 기능을 연구함으로써 황무지 같았던 정신분석학 분야를 개척하였습니다. 이러한 프로이트에게는 언제나 그에게 모든 것을 아낌없이 주었던 어머니의 사랑이 가장 큰 힘이 되었던 것입니다.

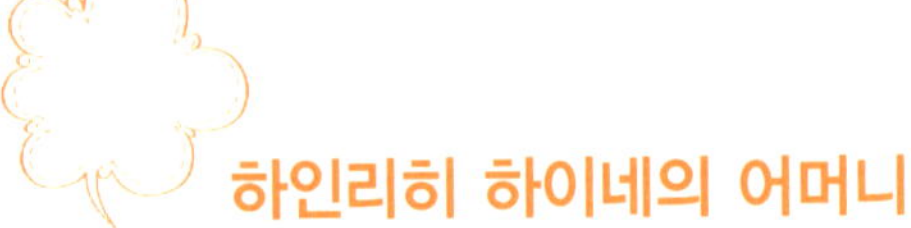

하인리히 하이네의 어머니

"네 꿈을 잃지 말아야 한다"

위대한 독일의 시인 하인리히 하이네는 1797년 12월 독일 라인 강변의 뒤셀도르프에서 유대교도 집안의 장남으로 태어났습니다. 아버지 삼손은 평범한 상인이었지만 교육에 있어서는 매우 엄격하였습니다. 반면 어머니 페이라는 다정다감하고 온화한 성격의 소유자였습니다.

그의 아버지는 하이네의 소녀 같고 예민한 감성을 못마땅하게 여겼습니다. 하이네의 아버지는 그가 좀더 씩씩하고 용감한 사람이 되길 바랐지만, 어머니는 감수성이 풍부한 아들의 정서를 언제나 조심스럽게 끌어안아줬습니다.

하이네의 가족에게는 함부르크에서 큰 은행을 경영하는 하이네의 큰아버지 잘로몬 하이네가 동경의 대상이었습니다. 하이네의 아버지는 아들이 잘로몬 숙부처럼 사업가가 되기를 원하였습니다. 아버지의 뜻에 따라 뒤셀도르프에서 고등학교를 졸업한 하이네는 상인이 되기 위한 수업을 받았습니다.

"하이네, 너는 네 큰아버지처럼 큰 사업가가 되어야 한다."

그의 아버지는 늘 그렇게 주입시키곤 하였습니다.

"어머니, 저는 사업가 같은 건 되기 싫어요."

그럴 때마다 하이네는 자상한 어머니에게 투정 부리듯 말하곤 하였습니다. 그러면 어머니는 언제나 하이네의 손을 꼭 잡아주며 "그래, 네가 하고 싶은 것을 해야지. 언젠가는 네가 원하는 길을 갈 수 있을 거야. 그러니까 그 꿈을 잃어버리지 말아라."하고 위로해주었습니다.

그는 어릴 때 외삼촌 서고에서 많은 시간을 보냈습니다. 그곳에서 다양한 책을 읽고 외할아버지, 외삼촌과 토론을 즐겨했습니다. 하이네가 서고에서 책을 읽고 있으면 외삼촌은 "오늘은 무슨 책을 읽고 있니?"라고 다가와 물었습니다.

"오늘은 데카르트의 철학 서적을 읽었어요. 그런데 데카르트가 말한 '나는 생각한다. 고로 존재한다.' 의 뜻을 도무지 이해할 수 없어요. 삼촌 설명 좀 해주세요."

"그래? 그건 말이야……."

훗날 그는 이러한 경험들이 "나의 가슴속에 문학적 시도를 할 수 있는 용기와 욕망을 불타오르게 하였다."라고 기록하고 있습니다. 어머니와 외가 쪽 친척들에게서 많은 영향을 받았음을 짐작하게 하는 구절입니다.

사업에는 별다른 재능이 없었던 하이네는 상인으로 성공하려는 시도가 실패로 돌아가자 1879년 본 대학 법학과에 입학하였습니다. 그러나 법학에도 역시 별다른 흥미를 느끼지 못했기에 혼자서 조용히 지내며 시를 쓰는 데 열중하였습니다.

1826년 첫 시집인 〈여행화첩〉 발간을 시작으로 〈노래의 시집〉 등 많은 시집을 출간함으로써 괴테와 함께 독일을 대표하는 시인으로 널리 알려지게 되었습니다.

하이네의 가족은 보통의 유태인 가정이 그러하듯이 대가족이었습니다. 하이네는 이러한 환경에서 자라며, 자신을 사랑해주고 자신의 재능을 인정해주는 어머니 덕분에 언제나 용기를 얻을 수 있었습니다. 세심한 관심과 따뜻한 사랑을 준 어머니 못지않게 철학 서적을 읽게 하고 함께 토론하면서 비판적이고 합리적인 사고를 길러주었던 외삼촌과 외할아버지의 영향 또한 그를 낭만파 서정 시인이자 사회 정의 구현에 앞장선 비판적 저널리스트로서 활동할 수 있게 한 토양이 되었습니다.

펠릭스 멘델스존의 어머니

"넌 세계적인 음악가가 되기 위해 태어났단다"

위대한 작곡가이자 피아니스트, 지휘자인 멘델스존은 1809년 독일 함부르크의 유태인 집안에서 둘째 아들로 태어났습니다.

할아버지 모제스는 유명한 계몽주의 철학자였으며, 아버지 아브라함은 유능한 은행가였습니다. 어머니 레아는 은행가의 딸이었으며 아마추어 음악가이기도 했습니다. 멘델스존은 당대 음악가들과는 딜리 유복한 가정에서 태어나 일찍이 부모로부터 수준 높은 교육을 받았습니다. 이러한 배경은 훗날 멘델스존의 음악에서 밝고 경쾌한 서정성으로 나타나게 됩니다.

멘델스존의 어머니는 아들의 교육에 매우 열성적이어서 이탈리아어, 프랑스어, 영어, 그리스어, 라틴어 등을 가르치고 그림과 피아노 교육

등을 통해 폭넓은 교양을 쌓을 수 있도록 배려하였습니다. 음악적 재능이 있던 어머니는 멘델스존에게 직접 피아노를 가르쳐주었는데, 그녀는 멘델스존에게 있어 최초의 피아노 선생님이자 음악에 몰두할 수 있도록 아낌없는 성원을 보내준 후원자였습니다.

멘델스존의 어머니는 그가 어렸을 때부터 "넌 세계적인 음악가가 되기 위해 태어난 축복받은 아이란다."라는 이야기를 자주 들려주었습니다. 어머니의 이 한마디는 멘델스존에게 자신감을 가지게 하였고 그가 어려움에 빠질 때마다 그 상황을 슬기롭게 극복할 수 있는 힘이 되어주었습니다.

음악에 대한 아들의 천재성을 익히 알아차린 멘델스존의 어머니는 매우 열성적인 교육을 하였습니다. 그녀는 매일 정해진 시간마다 멘델스존에게 피아노를 치도록 하였습니다.

"네가 좀 더 나은 교육을 받을 수 있도록 훌륭한 선생님들을 모셔와야겠구나."

어머니는 당대의 유명한 음악가인 지휘자 칠터와 피아니스트 모셀레스에게 멘델스존이 교육받을 수 있도록 하였으며, 언제나 아들이 세계적인 음악가가 될 수 있기를 기도하였습니다. 그러한 어머니의 세심한 배려로 멘델스존의 가족은 일요일이면 정원에 모여 음악회를 열어서 자연스럽게 음악과 친해질 수 있는 기회를 가지곤 하였습니다,

멘델스존 가(家)의 음악회에는 다양한 사람들이 초청되었는데, 이러한 음악회 등을 통하여 멘델스존은 폭넓은 교우 관계를 유지할 수 있는 사교성도 익히게 되었습니다. 또한 멘델스존의 부모는 그가 보다 감성이 풍부해지고 많은 영감을 얻을 수 있도록 유럽을 비롯한 세계 곳곳을 여행하도록 하였습니다. 이러한 여행에서 얻은 경험과 느낌은 그의 음악의 소재로 발현되었습니다. 멘델스존은 여행을 통하여 얻은 지식을 바탕으로 보다 깊은 음악의 세계에 심취하게 되었고, 낭만주의 음악을 크게 발전시킬 수 있었습니다.

이와 같이 부모로부터 열정적인 지원을 받은 멘델스존은 아홉 살 때인 1818년, 생애 처음으로 피아노 연주회에서 천재적인 재능을 인정받아 세상의 주목을 끌었으며, 열한 살 때는 작곡을 시작하였습니다. 그리고 열일곱 살 때에는 셰익스피어의 〈한 여름 밤의 꿈〉의 극음악을 쓰는 등 신동으로 이름을 날릴 정도로 놀랄 만한 재능을 보였습니다.

이후 〈이탈리아 교향곡〉 〈바이올린 협주곡〉 〈오라토리오〉 〈엘리아〉 등 훌륭한 곡들을 남김으로써 독일의 대표적 낭만주의 작곡가로 널리 알려지게 되었습니다.

38년이라는 짧은 생을 사는 동안 멘델스존은 음악사에 길이 남을 작곡가, 연주자, 지휘자로서 커다란 명성을 얻었습니다. 이것은 바로 그의 재능을 일찍 발견한 현명하고 자애로운 어머니의 교육 덕분이었습니다.

레너드 번스타인의 아버지

"꿈을 위해 투자해야 한다"

레너드 번스타인은 12년 동안 뉴욕 필하모닉의 상임지휘자로 재직하면서 399회 연주를 소화해냈습니다. 또한 유명한 뮤지컬 〈웨스트사이드 스토리〉의 영화음악 등을 만든 작곡가로도 유명합니다.

그는 1918년 8월 미국의 매사추세츠 주 로렌스에서 러시아계 유태인인 새뮤얼 번스타인의 장남으로 태어났습니다. 대부분의 이주민의 가정이 그렇듯이 그의 집안은 경제적으로 그리 넉넉하지 못하였습니다. 그렇기 때문에 번스타인의 가족들은 특별히 음악을 즐길 형편이 되지 못했습니다. 하지만 번스타인은 자녀들의 의견을 존중할 줄 아는 자상한 아버지 밑에서 자라는 행운을 누릴 수 있었습니다.

감수성이 예민했던 번스타인은 여덟 살 때 교회에서 오르간 연주와

합창을 듣고 큰 감동을 받아서 고모의 낡은 피아노를 가지고 피아노를 치기 시작하였습니다. 번스타인의 아버지는 어려운 집안 형편에도 불구하고 가정의 생활비를 쪼개서 피아노 레슨을 받게 하였습니다. 어린 번스타인은 이러한 아버지의 배려를 평생 잊지 않고 가슴에 담아두었습니다. 그리고 아버지의 자랑스러운 아들이 되기 위해 노력했습니다.

번스타인은 피아노 레슨비를 내는 날이 되면 아버지께 미안해 어쩔 줄 몰라 했습니다. 그럴 때면 번스타인의 아버지는 너그럽게 웃으며 이렇게 말했습니다.

"넌 이 세상에서 가장 중요한 것이 무엇이라고 생각하니?"

"……글쎄요."

"그건 바로 꿈과 희망이란다. 꿈과 희망을 위해서 투자하는 돈은 아까운 게 아니야."

"하지만 저 때문에 가족 모두가 힘들어지잖아요."

"그건 너를 위해 우리가 해줄 수 있는 유일한 일이란다. 배움과 돈을 비교하지 말아라."

번스타인은 미안한 마음에 고개를 떨구었습니다. 그러자 아버지는 "얘야, 한 가지만 약속해라. 네가 음악을 하기로 선택한 이상 최선을 다해서 연습해야 한다. 아버지가 아들에게 해줄 수 있는 가장 중요하고 신성한 일은 배움의 기회를 주는 것이란다." 라며 그의 어깨를 토닥거려주었습니다.

번스타인은 "나는 비참할 정도로 마음이 약한 아이였다."고 회고할 만큼 그는 무엇 하나 끝까지 해내지 못하는 심약한 소년이었습니다. 그러나 자신을 위해 생활비를 아끼고 아껴서 피아노 레슨을 받을 수 있도록 해주신 아버지와의 약속을 지키기 위해 굳게 마음을 먹고 피아노 공부를 열심히 했습니다. 뿐만 아니라 자신의 용돈을 절약하여 피아노 레슨비를 보태는 열성을 보이기도 하였습니다.

그러나 당시 러시아에서는 유태계 음악인들이 갖은 수모와 박해를 받고 있었습니다. 이를 걱정한 번스타인의 아버지는 그에게 음악이 아닌 다른 분야를 공부해볼 것을 권하였습니다. 번스타인은 아버지의 마음을 헤아려 음악을 하는 대신 하버드에 진학하여 언어학과 철학을 공부했습니다. 그러나 언어학과 철학에 흥미를 느끼지 못한 번스타인은 아버지에게 다시 음악을 하고 싶다는 뜻을 밝혔습니다.

"아버지, 음악가의 길이 힘든 것은 알지만 저는 아무래도 음악가가 되어야겠어요."

"음악가가 되겠다고? 유태인이 음악을 하면 박해를 받을 텐데, 그래도 하고 싶니?"

“네, 아버지! 전 음악가가 되고 싶어요.”

번스타인은 간절하게 아버지께 말했습니다. 그러자 그의 아버지는 잠시 생각에 잠기더니 곧 자애로운 미소를 띠며 그에게 말했습니다.

“네가 원하는 것이 바로 내가 원하는 것이란다. 네가 하고 싶은 일을 하렴. 그러나 부탁이 하나 있다.”

번스타인의 아버지는 그의 손을 꼭 잡아주었습니다.

“아름다운 곡을 만드는 훌륭한 음악가가 되어주겠니?”

그리하여 번스타인은 뒤늦게나마 커트슨 음악원에 입학하여 음악 공부를 다시 하게 됩니다. 그는 1943년 스물다섯의 나이로 뉴욕 필하모닉의 부지휘자로 발탁되어 1969년 스스로 지휘자의 자리에서 물러날 때까지 세계적인 명성을 떨쳤으며, 그 이후로는 작곡 활동에 전념하여 교향곡을 비롯하여 많은 작품을 남겼습니다.

레너드 번스타인, 그는 미국을 대표하는 현대 음악가인 동시에 세계적인 음악가라는 찬사를 받기에 부족함이 없습니다. 그러나 그가 그러한 명성을 얻게 된 데에는 전통적인 유태인 교육방식에 따라 자녀가 하고자 하는 일에 지원을 아끼지 않은 아버지가 있었기 때문이라고 할 수 있습니다.

아이에게는 부모의 격려가 최고의 보약이다

자신감을 잃었을 때, 새로운 일에 도전하려 할 때, 건강이 좋지 않을 때 누구나 두려움을 느낍니다. "잘해낼 수 있을까?" "좋아질 수 있을까?" 하고 끝없이 자신을 의심하게 됩니다. 이때 자신이 가장 믿고 좋아하는 사람이 "잘해보렴. 넌 꼭 해낼 수 있을 거야." "걱정하지 마. 곧 좋아질 거야." 하고 격려해준다면 그보다 더 큰 힘은 없을 것입니다. 자녀가 가장 믿고 좋아하는 사람은 단연 그 부모입니다. 자녀가 흔들릴 때 등을 툭툭 치며 건네준 부모의 격려 한마디가 자녀의 평생을 지켜주기도 합니다.

자녀와 부모의 관계는 운동선수와 감독의 관계 같은 것입니다. 그 선수의 재능을 제대로 파악하여 시기에 적절한 동기 부여를 할 수 있는 감독은 선수의 잠재력을 최대치로 끌어낼 수 있습니다. 마찬가지로 자녀에게 적절한 때 적절한 말로 자극을 주고 용기를 주는 부모는 평범한 아이를 뛰어난 인재로 키워냅니다.

유태인들 중에는 학술·예능·경제·정치 등 사회 각 분야에서 세계적인 리더로 활동하고 있는 사람이 상당히 많습니다. 그러나 유태인들은 자신들이 타고난 천재나 영재가 아니라고 말합니다. 자신들은 후천적인 과정을 통해 뛰어난 인재가 된 것이라고 말합니다. 그 후천적인 과정은 바로 그들 부모와 나누는 사랑과 믿음이 가득한 창의적인 대화, 그리고 자녀를 열렬히 지지해주는 부모의 격려입니다.

또 아이를 키우다 보면 크게 꾸중을 하고 벌을 주는 경우가 없을 수 없습니다. 때로는 자녀의 가는 종아리에 모질게 회초리를 대야 하는 가슴 아픈 일도 있습니다. 그런데 부모에게 꾸중을 듣고 나면 내성적인 자녀들은 부모에게 약간 거리감을 느낍니

다. 서운한 마음과 죄송한 마음이 뒤엉켜 있어서 아무 일 없던 듯 부모를 대하는 데
어려움을 느끼는 것입니다. 이럴 때 어떤 부모들은 자녀를 더 다그쳐 관계를 악화시키
기도 합니다.

　자녀가 꾸중을 듣고 난 뒤 위축되어 있을 때 아이의 머리를 쓰다듬어주거나 꼭 안
아주면서 "다음부터는 안 그럴 거라고 엄마는 믿어." "널 사랑하니까 꾸짖은 거란다.
그러면 네가 더 좋은 사람이 될 거라고 믿으니까." 라는 말은 자녀에 대한 믿음과 변
함없는 사랑을 자녀에게 전해줍니다. 움츠렸던 자녀는 부모의 이 한마디에 환하게 웃
으며 두 번 다시 같은 잘못을 저지르지 않도록 노력할 것입니다.

　두 개의 화분에 화초를 따로 심어 키우며 한쪽에는 사랑의 말을 들려주고 한쪽에
는 미움의 말을 들려준 실험은 너무나 유명합니다. 사랑의 말을 듣고 자란 화초는 윤
기 있게 잘 자랐고, 미움의 말을 듣고 자란 화초는 시들시들하다 죽어버렸다고 하지
요. 말 못하는 화초가 그럴진대 하물며 우리 자녀들은 어떻겠습니까? 부모가 들려주는
믿음과 격려의 말들은 최고의 보약입니다.

　그러나 종종 "난 말을 잘 못해서……." 라며 자녀와 말하기를 어려워하시는 분들이
있습니다. 자녀와의 대화 기술은 그렇게 거창하고 어려운 것이 아닙니다. 부모님들이
자신들의 어린 시절이 어떠했던가를 곰곰이 되짚어 보시고 언제 서운했고 어떤 말이
듣기 싫었는지를 떠올려보십시오. 아마도 자녀들이 느끼는 바와 거의 같을 것입니다.

　내가 자녀에게 듣고 싶은 말은 자녀 역시 부모로부터 듣고 싶어 하는 말입니다.
회사에서 돌아왔을 때 자녀가 "아빠, 오늘 힘드셨죠?" 라는 말로 부모의 노고를 알아주
면 피로가 싹 가시지 않던가요? 마찬가지로 부모님들도 자녀에게 "이번에 시험 잘 못
치러서 속상하지? 괜찮아. 열심히 하면 다음에 좋은 성적을 거둘 수 있어. 난 널 믿는
다." 라고 격려해주면 자녀는 분명 좋은 성과를 올릴 것입니다.

　자녀가 잘 되기를 바란다면, 자녀가 어려움에 처해 있다면 그럴수록 자녀에게 힘
이 되는 좋은 말들을 자주 들려주십시오.

소중한 책으로 남기고 싶은 아이디어나 원고가 있으신 분은 도서출판 책읽는달
(bestlife114@hanmail.net)로 보내주세요.

아이를 변화시키는
유태인 부모의 대화법

초판 1쇄 발행 | 2011년 3월 3일
재판 2쇄 발행 | 2013년 10월 14일

지은이 | 문서영
펴낸이 | 문미화
펴낸곳 | 책읽는달
출판등록 | 제2010-000161호
주 소 | 서울특별시 영등포구 양평동 5가 39번지
　　　　　 우림라이온스밸리 1차 A동 1408호
대표전화 | 02)2638-7567
팩 스 | 02)2638-7571
블로그 | http://blog.naver.com/bestlife114